台灣海峽之文明衝突

～國際角色變遷之歷史研究

王世勳 著

前衛出版
AVANGUARD

蔡東杰 序

欣聞世勛兄大作《台灣海峽之文明衝突——國際角色變遷之歷史研究》即將出版，心中既感振奮，但也感觸良多。儘管忝為指導教授，一方面世勛兄不但較我年長，豐富的待人處世社會經驗，絕非我等埋首象牙塔中，不食人間煙火的學究可比，對個人而言也算「亦友亦師」，讓我在這段期間收穫良多。更何況以他所肩負的政治重擔與繁忙事務，還能如此認真地進行學術性探索，至少在我看來，在當今政治人物中絕對是「百不得其一」，可說堪稱政壇典範。更重要的是，這部書對於欲深入瞭解台灣過去、現在與未來者，亦是絕不可少的參考著作。

近年來雖因「本土化」運動熱潮所致，有關台灣發展林林總總的大小著述幾乎可用汗牛充棟來形容，但老實說，一方面由於國內政局仍處於高度分裂對峙的局面，歷史既作為政治操作過程的重要工具之一，自然也被壓縮並扭曲了可被討論的空間；再者，所謂本土化固然有其發展的合理背景，但過度受到各界重視強調的結果，反而會留下特別是「見樹不見林」的眼界狹隘後遺症。這些結果既不利於客觀的學術探索，對真正想瞭解台灣者來說也不啻平添重重障礙，不能不說是當前台灣歷史研究的隱憂所在。

正因如此，世勛兄大作的出版自然彌足珍貴。這本書乃是

試圖以宏觀且客觀的途徑，從海峽作為人類移動的通道性格切入，一方面瞭解先民渡海屯墾的前因後果，其次亦點出在海權時代來臨，以及全球國際貿易結構逐漸成型的過程中，台灣作為島嶼所扮演的角色，於此同時，心理層面（亦即「文明衝突」概念）的分析更可說是本書具有畫龍點睛效果的重要想法。就像義大利商人馬可波羅所說的：「我還沒寫出我想說的一半」；儘管由於時間與精力的限制，本書篇幅或許讓許多人有意猶未盡的感受，但它所點出的方向，相信對所有台灣研究者都具有重大的意義。

在世勛兄大作付梓之際，雖受命為序，其實愧不敢當。謹提供一些個人淺見供大家參考，希望未來能有更多人能繼續投身相關研究的行列，共同為後代子孫留下寶貴的學術成果。

中興大學國際政治研究所 蔡東杰
二○○七年九月於台中

宋澤萊 序

基督新教的真光

——論王世勛有遠見的、具實用性的文化識見與政治智慧

　　《台灣海峽之文明衝突——國際角色變遷之歷史研究》這本書就要出版了。作者是台灣鄉土文學作家、現任的立法委員王世勛。

　　這是近年以來，王世勛所寫有關文化論述的第二本書，是接近十萬字的長篇碩士學位論文。另外一本是印刻出版社於2003年所印行的《六十七個笑聲》文化短評集。

　　儘管表面上多麼不同，但是這兩本書之間卻隱藏有極深的關係。

　　四年前出版的《六十七個笑聲》共收集了他的六十七篇文化短評。品評的文化種類除了文學作品以外，還涵蓋了電影、歷史與宗教；批評的範圍除了台灣本土作家的作品之外，還涵蓋了中國、日本、南亞、捷克、愛爾蘭、美國及至不知名的國度的作家作品；被評的人物包括了基督、馬丁・路德、楊逵、東方白、余光中、白先勇、陳履安、張藝謀、葉慈、瓦勒拉、卡夫卡、伊力・卡山、奈波爾、林獻堂、德川家康、西鄉隆盛、福澤諭吉……。由這些名目來看，四年前，王世勛的文化識見和宗教認知早就已經達到了極為深入廣博的境界，正等待一個機會，將這些識見統合起來，構成一個徹底的屬於他自已

的文化識見與政治智慧。終於在2007年的現在，他這本碩士學位的論文集寫出來了，完善了他的文化觀和政治觀。

一前一後的這兩本書都很精采，寫作的立場又和這幾年他的信仰脫不了關係。

簡單說，這兩本書透出了基督新教的真光，特別是這本《台灣海峽之文明衝突——國際角色變遷之歷史研究》，如果不以基督新教的眼光來照看，就無法了解當中的奧義。

何以竟然會如此呢？說來並非一個很容易就能說清楚的問題。

不記得從什麼時候開始〔我應該比王世勛稍微早了幾年〕，我們兩人都被聖經吸引了。

剛開始，我們只是單純被聖經裡耶穌博愛的行止和智慧的言談所感動，感到這是一本不得了的好書。隨著閱讀和禱告，許多神蹟、啟示、異象、異夢不斷在我們的日常生活中出現了，將我們帶進聖經所記載非比尋常的神秘境界之中，使我們更加了解了以色列人的神——耶和華；基督教會的首腦——耶穌；以及參與創世奇蹟無所不在的萬民保惠師——聖靈，這聖三位一體的極深奧秘。我們終於受洗了，成為馬丁路德教派中的一個教會的信徒。

既然身為一位基督徒，我們就必須不斷的聚會。我們聚會的家庭小組大約有五、六人左右，本來聚會的地點都在鹿港的我的家，每兩、三個禮拜就聚會一次；後來為了替詩人吳晟的疾病做禱告，我們轉移聚會的地點到溪州吳晟的家裡。在聚會時，我們不可避免的會談到當前的文學和文化〔王世勛、吳晟、我和許多好朋友曾聯手辦過《台灣新文化》、《台灣新文

學》這兩大刊物），因此常相互介紹了一些書籍。我記得我
們討論過韋伯的《基督新教倫理與資本主義精神》、杭亭頓的
《文明衝突與世界秩序的重建》、福山的《信任》、蘭迪斯的
《新國富論》、杭亭頓主編的《為什麼文化很重要》、甚至是
彼得‧杜拉克所寫的一系列的重要的有關各國企業的書籍。本
來我們並沒有發現當中有什麼奇怪的現象，後來才發現這些書
都是和基督新教精神有關的書籍，儘管寫書的人不一定是基督
新教徒，但是他們一致推崇基督新教徒那種虔誠信仰、克勤克
儉、奮發向上、自由平等獨立的真精神。當時，我和王世勛正
被帶向基督新教的精神境界中。

我想，王世勛對這些書的閱讀比我更要詳細、全面。因為
兩年前，他考進了中興大學的「國際政治研究所」，開始對
「地緣政治學」中的文化問題做專門的研究，我們所討論過的
書籍剛好都涉及了廣泛的當前世界文化‧政治‧經濟現況，能
提供許多的資料給他進行研究。但是，我萬萬沒想到，這些書
籍似乎極為猛烈的刺激了他，替他形塑了一種優美的、堅定
的、正確的文化‧政治觀，一下子就叫他掌握了世界文明‧政
治的大趨向，這正是當前台灣的文化‧政治界的學者所缺乏的
少有的實用觀點……這個結果，有點叫我吃驚。

大致看來，東方的學者在研究世界文化‧政治時，由於太
過了解自己的東方文化，就高估了儒家文化、印度文化，很容
易陷入東方本位主義的陷阱，對西方文化採用了過度的抵擋、
拒斥的態度。即使有些學者到過西方研究機構從事文化研究，
卻因為缺乏對基督新教的真實體驗，對於在基督新教的精神底
下發展起來的當前西方文化無法了解，甚至多所誤解，終於使

他們的研究無法客觀，埋下夜郎自大的東方本位主義的壞判斷，對於文明的未來路向就採行了倒退論或虛無論，導致整個結論都錯了，對他者的西方和自己的東方終於沒有了一點點的好處。

對於東方學者的這個普遍缺點，以前我和王世勛都曾有過。

原來，我和王世勛都曾花費無數的精神和體力，身體力行，對東方的儒學、佛學甚至是道術做了撒身懸崖的追求。但是因為不是西方人，儘管很用功閱讀世界文明的書籍，可惜總覺得對西方的瞭解隔了一層，無法洞悉其深義，西方文明那個區塊成了一個無法填補的黑洞，論起世界的文化文明就覺得很心虛。可是，當我們有了基督新教的信仰後，對西方的文明就變得很能掌握，我們變得忽然能知道今天的西方為什麼會變成如此的深層原因，對韋伯、杭亭頓、福山、蘭迪斯這些當代學者的言論有了高度的理解。那個黑洞被填補起來，對西方文化文明不再陌生，而變得親切起來。

另外，以前由於無法理解西方文化，到最後患了一種不斷退回東方文化自我中心主義的病症，始終無法真正的做一個自我整頓的工作。後來由於對基督新教的精神有所體會，就提供給我們一個極高的文明參考座標。我們能夠通過基督新教的眼光來了解、品評其他文明。以前雖然也知道自己的東方文明出了問題、缺陷一定很多，否則不會演變到這麼衰弱的地步，可惜總是指不出來，現在就很清楚，我們開始站在一個世界文化的制高點，可以照看一切，我們不再盲目，擁有這種自我揭弊的才能，使自己因此感到無比清醒，是很愉快的經驗。

　　王世勛這本《台灣海峽之文明衝突——國際角色變遷之歷史研究》的論著，就是在這種精神狀態中寫成的，遠非東方本位主義者的書籍可比。這是閱讀這本書首要的一個認知。

　　其次，雖然這本書看起來是把杭亭頓「文明衝突理論」運用到台灣海峽的歷史現實做分析，指出世界各大文明如何在台灣海峽奪取霸權的經過和影響，但是王世勛也採用了杭亭頓的論敵福山的若干主張，認為將來民主自由會在台灣海峽兩岸實現開來〔儘管目前還沒有充分的條件〕。可見這本論著不是完全著重在「區域衝突論」上的論著，而是兼具了「全球化」觀點的一本論文。

　　再其次，在這本書裡頭，他對台灣海峽的歷史考察非常深刻，已經超出了我這個學歷史的人的學養範圍，倘若不是對台灣有深切的關懷，沒有人願意花這麼多時間進行這種考察的。

　　由上面這兩點看來就知道，王世勛一向所關懷的「普世的自由民主價值」和「本土價值」在這本書佔有極特殊的地位。

　　回到前面來談，我說這本書是站在基督新教精神的立場來寫作的，由於對基督新教有一定的熱誠，就又有了全球化的觀點，導致他對後殖民主義的理論家薩伊德做了深刻的批評。他指出，薩伊德批評奈波爾〔生長於千里達的印度人，2001年的諾貝爾文學獎的得主，揭露回教文化弊病的作家〕是自暴其短的行為，因為薩伊德只能寫出《被遮蔽的伊斯蘭》這種書，認為阿拉伯人的形象被西方國家百般扭曲，但是對於「沒有被遮蔽的伊斯蘭」卻無法寫出隻字片語，他怒氣沖沖批判能寫出阿拉伯文化真相的奈波爾是一件非常可笑的事情。王世勛特別引述路易斯〔Bernard Lewis〕所說的：當人們發覺事情出了差錯

時，可能會問兩個問題，一個是：「我做錯了什麼？」另一個是：「誰害我們的？」前者是近代日本明治維新的思考，後者是近代拉丁美洲的思考。王世勛暗示薩伊德的思考是拉丁美洲的思考，只是一種把自己的失敗一直往他人身上推的壞思考，不足爲訓。王世勛的看法很值得台灣文化‧文學界的學者注意，因爲後殖民理論在台灣已經流行了十年以上，已經變成所有文化‧文學的研究生必修的課程，有人早將薩伊德奉爲神明，從來沒有思考他的理論在現實上究竟起了什麼作用〔也許一點作用也沒有！〕，將來可能還會繼續推崇這個主義。據我個人的看法，薩伊德的後殖民理論如果用來批判國民黨對台灣的殖民，拿來引導台灣人「脫國民黨的中國化」，我認爲是恰當的，因爲國民黨所帶來的文化是一個封建性‧藩鎮性極強的壞文化，反科學、反民主、好貪污、自私自利的文化，正應該將之掃地出門。如果是用來「脫歐美化」，我看免了！台灣當前的文化非常沒有競爭性，科學、民主的根基薄弱，正需要再度全盤西化的時候，「脫亞入歐美論」才是正論，談不上要對歐美日這些國家去殖民化。

總之，在批評薩伊德時，更顯出王世勛是一個全球化理論者，他是一個竭力主張台灣改變自己，全力介入全球競爭的論者。他批評了薩伊德，這一點堪稱是當前盲目的台灣學文化‧文學界的一件大事！

是爲序！

——2007、09、01於鹿港寓所　宋澤萊

自 序

　　這本書是我在這兩年間，到國立中興大學國際政治研究所，修習國際政治的畢業論文。由於所受的學術訓練在時間上比較短促而顯有不足，加以我個人比較有主觀的政治意識，所以在論文口試時遭到了口試老師強烈的質疑，於是我只能以「我是一個民進黨人」來自我解圍，而民進黨人一般而言都是因為黨的「台獨黨綱」，而在內心信奉台獨主義的。

　　這本書引用杭亭頓的文明衝突理論為主要的角度，而套用杭亭頓的自我詢問：「我究竟是學者，還是愛國者？」，他最後的自我回答，還是選擇了「愛國者」。連杭亭頓這種國際級大師都無以迴避政治意識問題，遑論我這種剛入門的在職研究生。

　　在古羅馬的時代，元老院的西塞羅（Marcus Tullius Cicero，西元前106-44年）寫下了法哲學的經典名作。英國的吉朋（Edward Gibbon, 1737-1794A.D.），則在下院十年間寫下了膾炙人口的「羅馬帝國衰亡史」。而我呢？只想透過這本書提醒更多的台灣民眾，對於「中國」，還有「中國人」，必須要深入去瞭解，但卻不能不小心謹慎。

　　而這也不是我的觀點，是印度獨立後第一任總理尼赫魯的觀點。他在見過毛澤東以後，認為毛澤東比史達林更可怕，並且認為毛澤東的可怕不是毛澤東一個人的問題，而是「中國人

的性格」使然。印證後來的文革大浩劫，尼赫魯不但是一位偉大的政治家，更是一位具有先知能力的預言家。就一位基督信仰者而言，我個人相信也期待中國的未來會更好，好到會吸引外國人不只是想到中國去開工廠賺大錢。而是像美國、加拿大一樣，會吸引外來族群真正的移民與認同。這應當也是鄧小平所說的：「只要我們把政治和經濟搞上去了，還怕台灣不統一嗎？」可惜的是，如今的中國正朝著鄧小平所說的方向，在反其道而行。

政治民主化、經濟自由化，這是海耶克（Friedrich A. Hayek, 1899～1992）所說的「兩隻腳理論」。而中國，現在只是在經濟市場自由化的初級階段，距離「兩腳理論」的完成階段，還有一段長路要走。各種對中國悲觀與樂觀的預測皆有。但擺在眼前的事實是，中國以千枚飛彈對準台灣，而且已經決定成立航空母艦戰隊來應付可能介入台海爭端的美國航母艦隊。而美國則在關島與日本增加軍力嚴陣以待。

台灣海峽風雲日緊，這本書提供另一種文化與文明面向的觀察。更期待更多的台灣民眾能有更深刻的國家認同，繼而在未來的國會改選和總統大選中會因更深入的瞭解，而有更正確的選擇，讓台灣走入真正的民主和平與幸福的時代。而這正也是民進黨的「台獨黨綱」的願景。

感謝指導教授蔡東杰老師在百忙中和父喪期間，為本論文費心指導與去蕪存菁的修訂。也感謝巨克毅、蔡明彥老師的批評與指正，使這本論文能夠有所反思與導正。更感謝亦師亦友的宋澤萊為這本論文提供諸多見解。也感謝教會的于金堂牧師、王成德執事與他的林秀英姊妹在這本論文寫作期間，前後

約半年為我所做的代禱，如果沒有上帝自上頭來的力量，我真的很懷疑我自己有能力完成這本論文。

最後要感謝前衛出版社的林文欽先生願意出這一本穩虧不賺的書。他一直在做這種事。他真是一位以行動愛台灣，而從不出聲張揚的人。他對台灣文化的貢獻，是文化界有目共睹的。

還有一點要強調的是，如果看完了這本書而覺得內容殘缺不全、有所疏漏則請多多包涵。因為這本書是在自強號、高鐵車廂內、半夜醒來時、在立法院等候甲級動員表決時，甚至是在主持會議時，在非常勉強的情況下擠出來、拼湊出來的。但有一點讀者可以放心的，就是不管生活再繁忙，再混亂，而作為編著者的我的意識狀態，是十分清醒而明白的。知道台灣未來的方向，是大步朝獨立共和國勇敢邁進的。九年前我競選立委時的主要重點訴求標語是「邁向執政 和平建國」，到目前為止，只完成了一半。而「台灣加入聯合國」正是和平建國最好的方法，歷史給台灣的軌道仍未改變。

最後，願這本書能榮神益人，最起碼，能有益於位在台灣的每一個人。阿門！

王世勛 2007/08/21

中文摘要

　　本文爲台灣海峽國際角色變遷之研究，著重並且強調文明衝突的因素爲此一研究中之關鍵因素。本研究並且認爲宗教信仰具有文明所以形成之因素中之核心價值，所以特別關注於此一海域中之兩大文明，即中國儒教文明與西方基督新教文明之比較。而就國際政治關係的觀點來說，此一海域因地緣政治的因素，日本、南韓、香港，甚至新加坡及東亞區域國家之文明因素亦是研究範圍內之諸主題之一。因此日本神道教文明，乃至與東南亞有關國家之回教文明因素亦在本研究之主題所涵蓋之範圍內，並比較各文明相融或相斥以致造成敵我意識的政治認同現象並加以分析。但此一研究終究爲一國際政治關係議題之研究，仍將文明衝突因素回歸於經由此一海域的各政治實體與國家間關係本源上來加以研究分析。希望能以文明衝突理論的內涵，來更充實對於台灣海峽國際角色變遷之研究內容，提供一種有助於海峽角色更爲豐富與正確的研究觀點。另外，因文明衝突理論的提出，其中議題的設定與民主和平必爲歷史終結論者有辯證關係存在，包括歷史終結論者所提出的信任理論亦將在本文中有所引述討論。

　　關鍵字：文明衝突、新教倫理、儒教文明、文化價值、信任。

Abstract

This article is to study the change of the international role played by the Taiwan Strait, putting emphasis on and stress the factor of the conflict of civilizations, which is the key factor in this research. This research also considers that religious belief has the core value by which a civilization is formed. Therefore, special attention is paid on the two major civilizations in this sea area, that is to make a comparison between the Chinese Confucianism civilization and the western Christian Protestantism civilization. From the viewpoint of international political relations, the factor of geopolitics in this sea area, the factor of the civilizations of Japan, South Korea, Hongkong, even that of Singapore and countries of East Asia are also among the various subjects in the scope of this research; hence the Japanese Shintoism civilization, and even the Islam civilization of the countries of Southeast Asia are covered by the subjects of this research, a comparison and an analysis of the phenomenon of the political identification of being foes or friends caused by the syncretism or repulsion of different civilizations. However, this research is, after all, to study the issue of international political relations, it is bound to return from studying and analyzing the factor of the conflict of civilizations to the fundamental of the relations among the political entities and countries in the said sea area. It is hoped that with the connotation of the conflict of civilizations, the contents of the research on the change of the role played by the Taiwan Strait are further enriched and provide a viewpoint which is conducive to a richer and more accurate research on the role of the Taiwan Strait in the international arena. Besides, due to the bringing up of the theory of the conflict of civilization, there exists a dialectical relation between the setting of topics and the ideologists who advocate history will certainly end up in democracy and peace, the trustfulness theory brought up by them will also be quoted and discussed in the article.

Key Words: the conflict of civilization, Protestantism ethics, the Confucianism civilization, cultural values, trustfulness

目　次

[第一章]

緒論

第一節 研究動機

壹、文明衝突論的源起與發展

　　所謂「文明衝突」的理論正式被提及並成爲國際政治界
愈來愈被重視的一項顯學，應當是從哈佛大學教授杭亭頓
（Samuel P. Huntington）在1993年開始所發表的系列「文明
衝突」理論爲起點。[1]此系列的理論，起初是對另一學者福山
（Francis Fukuyama）的《歷史之終結與最後一人》[2]的觀點提
出另一種不同角度看法，甚至可以這麼說，杭亭頓的看法在世
界局勢的和平或戰爭的可能性上是與福山相反的。杭亭頓不像
福山那樣樂觀，認爲民主政治會成爲國際社會中，各種不同文
明之宗教信仰與文化價值認同的政府與民眾一致共同的選擇，
並從而有世界和平的終局。杭亭頓的「文明衝突」理論指出，
不同的文明之間的衝突，基本上在可預見之未來是很難有希望
加以消弭的。杭亭頓的理論在其相關系列文章發表後，在後來

---

[1] 杭亭頓（Samuel P. Huntington）著，黃裕美譯，《文明衝突與世界秩序
的重建》（台北：聯經出版社，1997年），頁i-iii。

[2] 福山（Francis Fukuyama）著，李永熾譯，《歷史之終結與最後一人》
（台北：時報文化公司，1993年），頁i-xvi。

2001年911伊斯蘭恐怖主義份子對美國紐約雙子星大廈之自殺性的攻擊行動中，以及後來美國對伊拉克的第二次戰爭（與第一次波灣戰爭比起來，這是一次更徹底且完整的戰爭行動，美軍不但進佔巴格達，後來逮捕並處死伊拉克總統海珊），讓杭亭頓的理論得到了有力的証實。尤有甚者，與伊拉克向爲宿敵的伊朗，在美國對伊拉克用兵的期間，竟成爲伊斯蘭世界代言人，不斷對美國及小布希總統屢次予以抨擊，其總統內賈德（Mahmoud Ahmadinejad）不僅在上海合作組織中，聲言要團結亞洲國家對抗西方的霸權主義者以外，[3]還公開聲言要將以色列從地球上抹去。[4]伊拉克戰爭的延宕難決，民主政治在伊斯蘭教國家雖然生根卻仍無法解決文明衝突的問題，證明了杭亭頓的見解十分具有洞見。

　　如果從傳統地緣政治學觀點來分析，從中東的阿拉伯伊斯蘭國家向東直行與中國儒教文明[5]的廣大區域的結合，在東邊面臨了所謂「第一島鏈」的軸線。經由此一軸線東向，即是以美國爲中心所稱的西太平洋海域，在第二次世界大戰被日本以偷襲方式加以攻擊的珍珠港，即夏威夷群島的西側，有日漸緊張的軍事情勢出現。在更爲靠近台灣的西太平洋海域的美國領土關島上，美國已經大量增加空中中程轟炸飛彈的武力，與中國在福建沿海所佈置的飛彈對應，台灣海峽軍事緊張的情勢日益明顯。

　　回到文明衝突理論的範疇來加以觀察，很明確的一個現象

---

3 《自由時報》，2006年6月4日，國際版。

4 《美聯社》，2005年10月26日，國際版。

就是，在亞洲大陸板塊的伊斯蘭教與儒教文明區域的國家，正結合起來對準台灣海峽以東的區域，包括原來也是中國儒家文明的台灣與基督新教最強盛的國家美國，進行一場史所未見的軍事抗衡。從距離上來計算與分析，北韓金正日政府所發展出來的核武力量，可以被看做是伊斯蘭教與儒教文明對基督新教

---

5 筆者認為，根據韋伯的《中國的宗教：儒教與道教》，所謂中國儒教文明，本質上還要加入道教以外──中國的皇帝歷來喜歡大封諸神去讓民眾去膜拜，以利其專制統治，必須要再加入中國大乘佛教在內。所以中國儒教文明比較完整的表達應當是「釋道儒文明」。有一點必須分辨的是，中國大乘佛教其實是對釋迦牟尼的背叛，很多目前的佛教徒很痛恨這種說法，這是因為他們缺乏對佛教的研究與瞭解，佛教的大藏經前幾冊的「雜阿含經」才是釋迦所說，由其「記憶第一」的表弟阿難尊者在他身後整理誦出，為釋迦的眾弟子共同認可以後所記錄留傳下來，其文體與柏拉圖所著和孔子之弟子在「論語」中的對話錄十分相似，這是中國所謂「聖人述而不作」的經典創作原則，也就是在那古代時期，人類智慧的經典，都是由學生整理完成而非由蘇格拉底、孔子，或釋迦牟尼本人去寫作留存的意思。中國大乘佛教不但背叛釋迦之教，而且還攻擊釋迦之教是「小乘外道」，而釋迦之教除了人可以感覺的六根與五陰以外，並無漫天大我的玄空之學──如般若心經、金剛經、華嚴經等。有時間的人可以到日月潭玄奘寺大門口山門下去看該寺碑文，就有攻擊「小乘外道」的文字。用中國共產黨的術語來說，這是打著紅旗反紅旗，按聖經的原則來說，整本舊約聖經記載的是人的悖逆。這是中國釋道儒三教混合體文明的基本要素，也是馬克斯本人在後來說他不是馬克斯主義者以來一直到今天，中國學者還有那麼多人在學術論述中喜歡引用馬克斯主義，卻未必搞清楚馬克斯主義的真相的一個有趣的歷史對照的現象。而反映在中國學術界中關於政治文化討論的一個現象，就是在討論或研究中掠過宗教信仰的因素時，其實正是釋道儒三教在被掠過的空間 產生毒素與毒化作用而不自覺的一種現象，這種現象在朱元璋身上表現的最為清楚，使朱元璋既殘忍又英明。

文明相抗衡的一個最具針對性的指標，這非僅是北韓的核武發展與伊朗這個伊斯蘭教國家有非常密切的關係，更因爲朝鮮文明起源自古代時期起，就與中國儒教文明密不可分。[6]

換言之，如果用杭亭頓所使用的理論名詞來說，台灣海峽[7]可以被視爲是在一個「文明斷層帶」上的區域，正如地殼的斷層與火山爆發的原因關係密切，愈來愈多跡象與事實顯示，台灣海峽爆發軍事衝突危機的可能性，正在不斷的增加之中。

以宗教信仰、文化價值認同的觀點來分析國際政治關係，乃至明白指出戰爭存在的根源與文明衝突有密不可分關係之學者而言，杭亭頓無疑是目前最爲具有成就之佼佼者。在其之前，德國學者韋伯（Max Weber）對此亦有十分詳盡的分析，其名作《基督新教倫理與資本主義精神》一書對西方資本主義的興起有極睿智且深刻的研究。甫去世不久的二十世紀管理大師杜拉克（Peter F. Drucker）曾盛讚韋伯此一名作，認爲此作經由時間與歷史的印證，益見其價值之不凡。[8]學界將此書與另一共產主義之起源名作《資本論》相較，正面且加以讚揚之

---

6 余英時，《中國近代宗教倫理與商人精神》（台北：聯經出版公司，1988年），頁2。

7 台灣海峽（Taiwan Strait）亦稱Formosa Strait，爲中國福建、台灣之間連通南海、東海的海峽，北自福建平潭島，南至福建東山島。爲東海與南海間航運要衝，亦爲歐亞等國際航線之必經孔道，戰略地位重要。詳閱台灣中華書局股份有限公司、美國大英百科全書公司合編，《簡明大英百科全書17》（台北市：台灣中華書局，民國78年7月），頁535。

8 彼得‧杜拉克（Peter F. Drucker），《不連續的年代》（台北：寶鼎出版社，2004年），序論。

聲有增無減，光僅馬克思（Karl Marx）對宗教信仰當時所持之觀點，謂宗教乃人類精神上之鴉片的說法，在1970年代興起的「上帝復仇」宗教復興運動中，已被歷史證明是朝其說法的反向前進。[9]以馬克思主義為制度所建立的蘇聯，遭到自由民主浪潮衝擊而崩解。俄羅斯第一任民選總統葉爾欽，非僅以身對抗蘇聯專制軍事鎮壓，成為民主化的英雄，其去世後選擇在「基督救世主大教堂」出殯，更是蘇聯信奉馬列主義時由國家強制規定人民信奉無神論的終結。美國華盛頓郵報的專欄作家柯默（Charles Krauthammer）更指出這是葉爾欽身後的另一項大突破，是另一項屬於葉氏的「豐功偉業」。[10]

　　另一個由國家規定「無神論」的中國，則從去年開始鼓勵人民信奉佛教。[11]並對外以「孔子學院」方式輸出儒教的「教主」孔子。[12]簡言之，馬克思主義及其對宗教的看法已遭歷史

---

9 杭亭頓並且認為：「20世紀下半葉證明，這些希望和恐懼都沒有根據。」經濟社會現代化已達全球化規模，同時全球宗教也已經復興。誠如凱波爾（Gilles Kelpel）所說，「上帝復仇深入每個大陸、每個文明及幾乎每個國家。1970年代中葉，世俗化包容宗教的趨勢逆轉過來。新的宗教取徑出現，也就是宗教不再汲汲適應世俗價值觀，而是要恢復社會組織的神聖基礎，有必要鼓吹超越已經失靈的現代主義，並將現代主義的挫敗與無路可走歸因於它悖離上帝。如今的主題不再是要羅馬天主教現代化，而是『歐洲第二次皈依基督教』，目標不再是將伊斯蘭教現代化，而是把『現代事務伊斯蘭教化』。」依照這樣的觀點，筆者認為，一九七○年代伊朗伊斯蘭教什葉派領袖柯梅尼號召百萬以上的伊斯蘭教徒，以群眾運動的方式推倒當時的總統巴勒維政府，是第一個也是最典型的「上帝復仇」運動。參閱杭亭頓著，前引書，頁118。

10 柯默，＜葉爾欽留下混雜遺風＞，《蘋果日報》，民國96年5月1日，版15。

棄置。[13]自蘇聯解體、東歐共產民主化以及中國自鄧小平時代
起走私人資本主義的路線後，非僅馬克思的社會政治宗教觀在
東方共產集團國家崩解，在西方，韋伯的新教倫理的內涵正在
深化及普遍化。在1999年美國共和黨內初選的第一次候選人政
見辯論會中，小布希總統甚至在第一輪質問中就高舉耶穌基督
之名，稱其為最受景仰的政治哲學家，美國出版界在《活出使
命》[14]與《榮耀上帝》[15]二本著作中對小布希及其家族始自其
曾祖父十年牧師生活的基督信仰，都有相當深入而詳盡的報
導。在2006年的美國國家祈禱會中，小布希公開宣稱是美國人
的公義信仰（基督教）使美國強大。[16]

　　小布希的宗教信仰現象，非僅能以單一現象視之，而是法
國作家托克維爾早於《民主在美國》中所強調的美國立國精神
的宗教信仰質素，也是美國草根社區主義建立中最重要的一

11 ＜中共推崇佛教:促進和諧＞，《中國時報》，民國95年4月11日，版
　　13。

12 ＜中國成立孔子學院總部　統籌全球漢語教學＞，《中央社》，民國
　　96年4月9日，大陸文教版。

13 索爾孟（Guy Sorman）著，許益源譯，《謊言帝國》（台北：允晨文
　　化，2006年），頁277。「可憐的孔夫子幾度起落，曾為中華帝國立
　　基，後被毛澤東貶為中國落後之源，再被鄧小平所平反！如同馬克思從
　　不會認為他是馬克思主義的信徒一樣，帝國儒家思想與現在流行的新儒
　　學思想，都尊崇孔子，但究竟哪一個孔子，才是真正屬於中國本土思
　　想？」筆者認為，孔子與馬克思主義在中國不同的年代中被認同的價值
　　之改變，是中國專制政治文化的劣質性的一種反射。

14 史蒂芬·曼菲爾著，林淑真譯，《活出使命——布希總統的信仰之路》
　　（台北：華宣出版有限公司，2005年）。

個關鍵質素的歷史慣性延伸。[17]這樣的基督信仰的國家認同論述，一直到前年出版杭亭頓的最新著作《我們是誰？》中仍然被提出來，杭亭頓以「盎格魯－新教徒」為這個問題定下的答案極其明白而清楚。[18]雖然同樣帶有宗教復興的本質，但伊斯蘭教與基督新教導致的政治效果卻截然相反。伊朗的「上帝復仇」，其實也就是「阿拉復仇」，導致了更為專制的現象。這種「阿拉復仇」的現象，2001年諾貝爾文學獎得主奈波爾（V. S. Naipaul）有極詳細的報導與分析。[19]

　　奈波爾的作品在911恐怖攻擊後得到諾貝爾文學獎，反映了西方基督新教倫理與伊斯蘭教文明，除了在政治現實面發生衝突以外，在文明和文化理論乃至於文學藝術的範疇裡，也存在著非常嚴重的歧異觀點。

---

15 大衛・艾克曼著，李忠晉譯，《喬治・布希的信仰──榮耀上帝》（台北：智庫文化公司，2005年），頁9-15。在這本書的扉頁上，小布希如此闡述他的基督信仰：「當您把心與您的一生交給基督時，當您接受基督為救主時，祂改變您的心。祂改變您的一生。而這就是發生在我身上的事。當我的生活變得比較複雜時，我珍惜一些基本的東西：信仰、家庭、及我的朋友。我愈是讀《聖經》，對我就愈有意義，更堅定我的信仰。當你過基督化生活時，信基督的人會跟你一起走。我每天祈禱，我在任何地方都可以祈禱。我是說，我在床上祈禱，我在橢圓形的辦公室祈禱。受到聖靈感動，我就祈禱。禱告與宗教支撐我，使我在總統任內的危急時刻能夠鎮靜。」

16 《大紀元時報》，2006年1月2日，版1。

17 阿克勒西・德・托克維爾著，泰修明、湯新楣、李宜培合譯，《民主在美國》（台北縣：左岸文化，2005年10月），頁62-91。

18 塞繆爾・亨廷頓（Samuel P. Huntington）著，程克雄譯，《我們是誰？》（北京：新華出版社，2005年1月），頁20-22。

貳、文明衝突中的台灣海峽

　　因之，台灣海峽做爲一個「文明斷層帶」的角色可謂極爲清楚。韋伯在其生前所完成的宗教研究中，對於中國的宗教文明的定位是儒教與道教的雙重混合信仰，這自然是一項極深刻的研究分析。但韋伯於1920年在慕尼黑因急性肺炎突然去世時，[20] 共產主義尚未在中國興起，[21] 而後來在杭亭頓的《文明衝突與世界秩序的重建中》關於中國文明的分析中，對於共產主義及其無神論對中國的影響也未多著墨，而著重於古已有之的文明因素，因此在政治實務與文化實體現象的分析有所闕

---

19 奈波爾（V. S. Naipaul），《在信徒的國度（上）》，（台北市：馬可孛羅出版社，2006年12月），頁13。「而何梅尼就以真主意旨詮釋者之姿，以判別合乎，抑或違逆伊斯蘭教義之最後審判者自居，來統治伊朗。我到達伊朗幾天之後，他在收音機裡就這麼說了：『我一定要敬告諸位，先前在極權統治之下，罷工與靜坐抗議令真主十分歡喜。可是，現在的執政者已經換成一位穆斯林了，而且還是代表全國國民的，敵人正忙著圖謀對我不軌。因此，現在再發動罷工或是靜坐就為宗教所不容，因為，這樣就違背了伊斯蘭教的教義。』」

20 顧忠華，《韋伯的基督新教倫理與資本主義精神導讀》（台北：台灣學生書局，2005年），頁29。

21 鄭學稼，《陳獨秀傳》（台北：時報文化公司，1989年），頁363。1920年11月，中國共產黨組黨發起人陳獨秀於上海發起制定的「中國共產黨宣言」，明確宣布：「要組織一個革命的無產階級的政黨──共產黨……」這一年，正好也是韋伯去世那一年，當然他無法了解後來共產黨在中國所做的一切事情，包括對中國文明的影響。尤其，陳獨秀及其所辦的《新青年》雜誌，標舉的是「打倒孔家店」。這也是韋伯在他所著的《中國的宗教：儒教與道教》（台北：遠流出版公司，1989年）所未能論及的。

遺。杭亭頓終究是一名西方或者說是美國的學者，他的觀點自然無法沒有疏遺。

　　曾與毛澤東見面的印度總理尼赫魯則對此有另外一種特殊而深刻的描述。尼赫魯在敘述他對毛澤東的印象時，認為毛澤東是比史達林更為深不可測的恐怖人物。尼赫魯並且指出，這並不是毛澤東一個人特異的性格使然，而是「中國人」的性格使然。[22]這樣的觀察與1930年代最著名的左翼作家魯迅的觀點十分契合；魯迅認為，中國的社會經由歷史的沉澱，已經成為一個「吃人的社會」。[23]魯迅是中國1930年代最著名的小說家、文化評論家。而尼赫魯則為鄰接中國的印度獨立以後的第一任總理，他們的觀點，在時間與空間上，都補足了自韋伯以來到杭亭頓對於中國文明觀察在現實政治現象的不足。

　　由以上所述的對於中國儒教文明的觀點來分析，台灣海峽

----

22 Stephen Philip Cohen，《印度：成型中的強權》（台北：國防部史政編譯室，2003年），頁435。尼赫魯曾告訴考爾說：「要知道中國人心中在想什麼很困難。他們可以笑著告訴你一些最冷漠、殘酷的事情。毛澤曾經微笑地告訴我說，他並不怕發生原子戰爭。蘇聯領導人不像中共領導人那麼與世隔絕……，他們的反應可以預測……但中國人則不同，你不知道他們會有什麼反應，因此必須有心理準備，以防他們有意料之外的反應。之所以會有這種現象，其部分原因可能因為他們處於孤立的環境中，但我想，主要還是中國人的性格使然。」

23 魯迅，〈狂人日記〉，收錄於盧今編，《中國新文學大師名作賞析——魯迅》（台北：海風出版社，1989年），頁23-35。鄭學稼，《魯迅正傳》（台北：時報出版公司，1978年），頁59。「……他就查歷史，看那歪歪斜斜的每頁上都寫著『仁義道德』幾個字。……仔細看了半夜，才從字縫看出字來，滿本都寫著兩個字是『吃人』。……我也是人，他們想要吃我了。」

自然就成爲一個十分值得研究的「文明斷層帶」，或者說是一個「文明衝突」區域的特質，就十分清楚而明白。自1993年杭亭頓發表此系列理論後，台灣在1996年舉行第一次民選總統大選時，中國即對台灣近海海域施射飛彈，台灣海峽情勢日益緊張，後續之2000年與2004年之總統大選，先有朱鎔基中國總理之戰爭恫嚇，後又有「反分裂法」對台灣獨立行動施予軍事攻擊的法源制訂，台海緊張情勢不斷升高，在這長達14年之久的期間內，美國航空母艦戰鬥群多次前來此一海域進行維持和平的宣示性行動。凡此種種，與杭亭頓在其此一經典名著中所引李登輝總統（基督徒）所稱台灣民主之發展與進步，「乃是源於中國的『文化傳統』，而這可以上溯到公元前21世紀的堯舜時期，或公元前5世紀的孔子及公元前3世紀的孟子」種種關於儒教文明優越性證明的說法，有相當大的衝突與矛盾存在。[24]

此一文明斷層帶的現象，十分值得加以研究，也就是同屬華人儒教文明區域的台灣，爲何會與同有此一中國儒教文明屬性的香港與新加坡的政治制度的民主化內涵與自由程度的深化，有不同的走向？此問題一方面顯示了杭亭頓在1993年所說的「台灣必受中國儒教文明磁吸」的說法，在目前的台灣，已經有了新的而且是反方向的新文明面向出現。2006年11月《聯合報》刊登了一份台灣人意識與獨立傾向的調查，二者皆已超過百分之五十、六十。[25]另一個旁支的問題則是，香港與新加坡果然真的是杭亭頓所稱的「中國儒教文明區域」，所以與台

---

24 杭亭頓著，前引書，頁136。
25 《聯合報》，2006年11月28日，版13。

灣共同有過自1960年代以來的經濟榮景，而這經濟榮景眞的是
「儒教文明」的功效，或者有另外的文明因素，也許香港末代
總督彭定康的「東方與西方」的觀點，[26]或者是對於西方基督
文明所深化的帝國主義及其殖民主義中的異於「中國儒教文
明」的因素，存在於香港、新加坡這兩個區域，也有「文明斷
層帶」的隱性問題存在而未受到注意過？

　　從更實際的角度來看，台灣海峽的國際角色也面臨史所未
有的特殊情況。根據2007年1月4日日本「共同社」的報導，
美國與日本將針對台灣海峽的和平問題與緊急狀態進行研究
磋商，假設台灣宣佈獨立或中國對台灣動武等可能的緊急狀
態，兩國將依據美日同盟之「安保條約」與相關之「周邊緊急
事態」規定，共同防衛台灣海峽的和平。[27]不管就主觀的觀點
或客觀的事實而言，這都證明了台灣海峽的國際角色在進入
二十一世紀以後，有了非常明顯的改變，與中國大陸逐漸「和
平崛起」相對應，在新的全球化時代中，台灣海峽的國際角色
顯然也在「崛起」之中。

　　其實，自從2005年的美日「二加二」會議以來，台海「和
平」就已經成爲美日兩國的共同「戰略」目標。[28]而中國大陸
之前所通過的「反分裂法」，[29]無疑爲台海佈下了緊張動盪的
氛圍。中國大陸對於兩岸統一問題所採取的此一立法手段，若
以中共使用的語言「法理台獨」來表示，中共的「反分裂法」

---

26 彭定康著，蔡維先、杜默譯，《東方與西方──彭定康治港經驗》（台
　北市：時報文化出版社，1998年10月13日）。

27 《中國時報》，2007年1月5日，版A17。

28 亨廷頓（Samuel P. Huntington）著，程克雄譯，前引書，頁20-22。

可視為「法理統一」之重要步驟，單方面改變台灣海峽的現狀，影響了台海和平的穩定性。再加上中共不斷在福建沿海裝置瞄準台灣的飛彈，使台灣在最近一次的統獨民調中，首度出現有超過百分之六十二以上的民眾，支持台灣獨立的現象。即使加上中共反對的因素，也有百分之五十四的民眾支持獨立。在台灣被定位為統派媒體的聯合報也因此認為，中共態度已非獨立問題的關鍵因素。[30]回顧台灣民主化過程，這是台灣主體意識「崛起」的一個新高峰。[31]李登輝前總統在2004年總統大選後認為，是三次總統大選之訴求內涵喚醒了台灣主體意識。

在2006年中國領導人胡錦濤訪問美國期間，美國國防部曾經進行了一項名為「三戰兵棋推演」的虛擬軍演措施。其中三戰的假設是：伊朗攻擊了美國的船隻，美國因此傾其中東地區兵力攻擊伊朗，就在這個節骨眼上，中國出兵攻打台灣，於是美國必須分兵進入台海，而此時，拉丁美洲的委內瑞拉，與遠自中國而來的核子潛艦會師，攻打美國本土，於是美國請求

---

29 2005年3月14日，中國第十屆全國人民代表大會第三次會議通過的一部關於兩岸關係的法律，同時也首次明確提出了在三種情況下，中國可用「非和平手段」處理台灣問題的底線。這部法律引起了兩岸關係的再度緊張與輿論的不同意見，http://zh.wikipedia.org/wiki/%E5%8F%8D%E5%88%86%E8%A3%82 E5%9C%8B%E5%AE%B6%E6%B3%95。

30 《聯合報》，2006年11月28日，版13。

31 國民黨曾出版有《台獨、黨外、共匪三合一敵人》的宣傳小冊（蔡鍾雄著），於1970年代出版，並在各大學散發，又由蔡本人在大學校園 堝薔}演講鼓吹此一小冊之內容。若依此邏輯，去除時空因素，則國民黨目前是「國民黨、統一、共匪」的三合一敵人。

英國海軍支援，擊沉了委中聯合突襲的潛艦。[32]做為跨世紀霸權，由上述之「三戰兵棋推演」之設定內容可知台海情勢緊張之一斑。而中國自1996年在台海試射飛彈引發危機以來，迄今已逾十年，所裝置之對台飛彈已超過900枚，除更加深台海危機一觸即發之緊張情況外，也激化了台灣內部的統獨問題。

參、台灣海峽問題的歷史淵源

關於統獨問題（亦即分裂國家問題），德國早在基督教民主黨的柯爾總理任內完成統一。但德國統一所帶來的經濟與內部矛盾問題，也使有同樣問題（或稱之為分裂國家問題）的韓國，由其首爾大學行政大學院之「統一研究小組」進行研究，該小組於研究南北韓統一問題後，完成了結論報告，並彙集成《南北韓，統一必亡》一書，光看該書名就可知其內容，該書亦有中文譯本在台發行。[33]首爾大學此一報告，相當側重於「德國經驗」，亦即東西德的內部矛盾。換言之，除經濟問題叢生以外、兩德人民在文化與價值觀方面也有嚴重的衝突，而這也是有強烈統一傾向的韓國民族，會在首爾大學之統一問題研究中，產生如此逆向報告結論的主因。這種結果印證了韋伯曾論及的「矛盾」現象，的確是無所不在的。[34]

台灣海峽所流盪的緊張與矛盾，也可以從地緣政治學上很

---

32 《美國國防新聞週刊》，U.S. Exercise Reflects Growing Tensions By VAGO MURADIAN

33 首爾大學行政研究院，《南北韓，統一必亡》（台北：允晨出版公司，2006年）。

明顯地感受出來，布里辛斯基在《大棋盤》所分析的中國天朝中心主義，以及飽受列強欺凌的近代歷史經驗，形塑了中國與西方對立的中國族群意識。[35]這樣的看法，也出現在最近獲得被稱爲「諾貝爾級」人文學克魯格獎[36]的學者余英時的得獎演說中；令人驚奇的是，余英時的看法竟然也出現這樣的結論：「從二十世紀初以來，中國的心靈始終不能擺脫中國與西方對立的問題；如果缺乏比較觀點，只是就中國講中國，很可能墮入中國中心主義的古老窠臼。」[37]余英時在1987年的《中國近世宗教倫理與商人精神》一書中[38]，與韋伯的《基督教新教倫理與資本主義精神》[39]有相當程度對應。在某一個面向而言，

---

34 韋伯在《社會科學方法論》第38頁（時報出版）之論述中所提及的「矛盾」現象，亦出現在美日「二加二會談」中之「和平」成為「戰略」目標，以及中國「和平崛起」等奇特的詞語中，反映了社會內外部的矛盾問題。韋伯認為，這種矛盾的現實現象，其實是可以理解的，也是不可能消除的。

35 Zbigniew Brzezinski，林添貴譯，《大棋盤》（台北：立緒出版公司，2001年），頁211。

36 2006年11月15日，設立在美國國會圖書館的克魯格獎（John W. Kluge Prize for the Study of Humanity）宣佈，美國杜克大學榮譽教授富蘭克林以及普林斯頓大學榮譽教授余英時，同為第四屆克魯格獎得主，分享100萬美元的獎金。

37 余英時，〈我對中國文化與歷史的追索——克魯格獎得獎演說〉，《當代》月刊，2006年12月1日，頁24。

38 余英時，《中國近世宗教倫里與商人精神》（台北：聯經出版公司，1988年）。

39 Max Weber著，黃曉京、彭強譯，《新教倫理與資本主義精神》（台北：唐山出版社，1987年）。

所謂「中國與西方對立」的中國族群之總體意識之內聚力並非
絕對的，而是相對的，也就是可以有改善的期望與空間。

　　以中國人近代以來最大的世仇，日本軍國主義之興起來做
另一種比較，日本東條英機軍事內閣之成立（1941-44），是
在所有主張和平的內閣總理及各省重要大臣均為軍部所殺後，
連天皇也遭軍部生命威脅下，被迫同意成立的。東條英機之前
主張和平的總理大臣犬養毅，甚至是在家中兒孫家人面前遭軍
部中級幹部當場槍決的。裕仁（昭和）本身是海洋生物學家，
他引用日本人最尊敬的明治天皇（睦仁）詩作「四海之內皆兄
弟也」來抑制軍部卻反遭生命威脅後，即埋首從事海洋生物研
究，不聞政事。所以，在軍國主義最為狂熱的階段，不但總理
及內閣閣員不附和軍國主義者皆慘死槍下，幾乎連昭和天皇
裕仁的生命都遭受到了威脅。[40]而在這樣的時期，仍有《帝國
主義下之台灣》[41]的作者矢內原忠雄，無畏於軍國殖民主義的
反對行動，矢內原氏甚至以《新約聖經》之「羅馬書」[42]之講
義，來引申為對軍國殖民主義之批判。在同一時期，日本著名
的憲法學者美濃部達吉也倡議「天皇機關說」，以抑制軍方神
化天皇鼓動軍國主義，而遭壓迫。[43]另外，曾在美國牧會之日
本牧師榎本保郎也在《聖經》講解中，表達了對軍國主義的反

---

[40] Karen Severns著，王福耀譯，《裕仁》（台北：鹿橋文化）。

[41] 該書在序文中，有如下的敘述：「本書的內容固然是貧乏的，但為著者
之一科學上的勞作。不過，如欲披瀝著者對於殖民問題的心情，則著者
衷心仰望實現『被虐待者的解放，沒落者的上昇，而自主獨立者的和平
的結合』」。矢內原忠雄著，周憲文譯，《日本帝國主義下之台灣》
（台北：帕米爾書店，1985年），頁3。

省的精神。[44]要言之，任何一個國家民族的共同行為與政治意識，從一元、二元到多元的可能性，無論彰顯與否，究其實是相當值得探究的。

在美、中、日、台的四方關係中，就現代史的角度來鋪陳，從目前回溯至六十年前，也就是1945年以後到1947年這段期間，是相當繁複多變的，由美中同盟對日台的戰爭關係，演變為目前的美、日、台與中國大陸對立的情況，其中包含了相當多值得研究的課題在內。

再向更為久遠的年代探索，台灣海峽國際角色之發軔始自於宋朝。湯錦台曾在《閩南人的海上世紀》中指出，「隨著中國大宋王朝的建立，東西商業交流的黃金時代也跟著來臨，泉州一躍而為推動中國從海上溝通阿拉伯世界的主要港口之一。」[45]但在海權尚未發達之時期，海上通道之往來，其實是一種移民社會的建立，在湯氏同一著作中，亦有如下的歷史考

---

42 「我在這種情況下去朝鮮，身邊會遇到一些危險是早就預料到的，所以有我來說是一件需要下很大決心的事情。但是，基督的愛迫使我深深地感覺到，有一種壓倒性的使命感，要我去對在警察政治鎮壓下的朝鮮人民，宣揚關於個人得救和民族得救的基督福音。」矢內原忠雄著，涂南山譯，《羅馬書講義》（台北：人光出版社，1997年）之序文（1948年於東京自由丘所撰）。

43 美濃部氏遭政治迫害後，於日本敗戰後獲平反，其子美濃部亮吉競選東京都知事，打敗自民黨超人氣之石原慎太郎，連任知事多年。

44 榎本保郎著，柯順德譯，《舊約聖經一日一章》（台北：人光出版社，2002年）。

45 湯錦台，《閩南人的海上世紀》（台北：果實出版，2005年），頁63。

究：「僖宗乾符六年（公元八七九年）黃巢亂軍攻陷廣州，屠殺了外國貿易商。一位住在波斯灣貿易港口希拉夫（Siraf）的商人根據他從希拉夫的海商和海員收集到的資料提到，廣州的這場動亂中，有不下於十二萬穆斯林、基督徒、猶太人和尚未皈依伊斯蘭教的波斯人被屠殺。這個數字雖然明顯誇大了，但也說明了廣州西亞商人數量的龐大和廣州所受破壞的嚴重程度。」[46]由此一論述內容所提之遭屠殺人數，可想見當時在廣州已建立有來自中東之外來民族移民社會，這與後來的中國大陸沿海居民，沿台灣海峽向南之海上通道，在馬尼拉、印尼、馬來西亞、新加坡、越南等東南亞地區建立起華人移民社會的情況是相同的。到海權貿易、殖民時代來臨開始，台灣海峽的國際角色，益顯複雜多變，繼葡萄牙、西班牙這兩個羅馬天主教國家，將地球由教皇協商分為兩半，各自展開血腥之擴張性殖民掠奪之後，亦在東南亞海域會合，先後進入台海。尾隨而來的，尚有基督新教國家英國與荷蘭，在台海兩岸先後建立起殖民勢力。揉合明朝與日本海上經貿勢力之鄭成功，後來則在台灣本島逐出了荷蘭的勢力。由於中日甲午戰爭之失利，台灣成為日本之殖民地，迨第二次世界大戰之後，台灣之地位呈現混沌未明之狀態，1947年2月28日且爆發了內部嚴重衝突事件。1949年間，蔣中正所率領之國府軍民跨越台灣海峽，完成了大規模民族大遷徙以迄於今，在在均顯示出，台灣海峽國際角色之變遷，實足堪吾人深入加以研究。俾期有益於國家民族自我圖像之定位。

---

46 同前註，頁55。

　　然而「歷史主義」之原則,是必須避免以今論古,須盡量進入歷史情境之中,是為「台灣海峽國際角色變遷之歷史分析」之研究源起。

第二節 研究方法

　　本研究之範圍，預定以台灣海峽自十七世紀迄今之各不同國家，在此一海域內所進行之軍事武力衝突，及統治或影響此區域統治勢力之種種因素，爲研究之重點，包括經濟、貿易、政治、軍事及其國家之文明因素加以研究，並側重於政治文化與文明之變化與衝突及其宗教信仰之根源。至於在研究方法選擇上則將使用以下幾個方法。

壹、歷史研究法

　　爲求能經過歷史來理解美、日、中、台的多邊特殊關係的來龍去脈與變遷，本研究將採取歷史研究法，以探究美、日、中、台的特殊關係現象的內容與意義，並追溯至台灣海峽更早的荷、葡、西、英勢力進入時期的經過。

　　所謂歷史研究法，乃以發掘和整理歷史事實爲方法，爲研究對象與問題找出合適解答的一種研究方法，最終目的在於進一步理解歷史事件。對應於本文的研究目的，爲了要理解史實之眞相，所以採取歷史研究法，以釐清美、日、中、台關係產生的背景與瞭解特殊關係的內容及矛盾。至於在執行過程上，本內文以各相關學術理論的研究途徑爲重要原則，並依照時間先後順序，列舉各項事件之發展，盼望能藉著依照時間變化而排列的歷史事件，具體呈現出歷史本身眞正的意涵與變遷。

貳、文獻分析法

　　除了歷史研究法之外，由於以美、日、中、台特殊關係做為一種國際關係的現象，已經有一定相當程度的支持意見存在，而成為歷史的事實，至於過去所累積的許多的研究著作，可謂汗牛充棟，數量眾多且內容深廣，非常具有參考之價值。因此本文也將採用文獻分析法，從這些著作中所引出的特殊關係之歷史事實，加以條列敘述，使歷史還原重現，以便於做更進一步的分析。

參、個案研究法

　　主要是採取針對某一特定國家與外國，在一定期間內所發生之單一特殊國際事件，並就其在某一可限定之時間內所產生之社會內部與外交行為關係之變化，加以研究，並進行分析的研究法。雖然研究之事件具有特殊性，但亦可自其間研究出具有普遍價值之意義。但因宗教文明之累積，歷時極為久遠，如在中國則遠自商、周時代開始，在春秋戰國時代有多元的發展，在秦漢以後開始產生文明的一元化質變。相對於西方之基督新教由馬丁‧路德（Martin Luthur）改教計起，迄今約五百年，更早的羅馬天主教則延續千餘年，並造成宗教之黑暗時代，雖上溯自西元之前，因對文明形成現象分析之必要，亦會在文明有關之章節中述及。

[第二章]

前航海時代

（十六世紀以前）

第一節 早期歷史中的台灣海峽

壹、台灣古代地理與歷史背景

　　台灣海峽有極為久遠的年代與歷史。在成為海峽之前，和這個地球上的其他海峽或者海洋一樣，是可以經由步行走過的陸地。根據學者方豪的研究，從地質學的角度來分析，台灣本來是中國大陸的一部分，位於大陸東南邊緣，而此事實乃是從所研究的地殼的性質、地史、古生物群、現代生物群、地層性質、火成岩性質、台灣海峽的地形和地質等來獲得答案。所以在一萬多年以前，台灣海峽還是陸地。方豪並指出，台灣的地殼，大部分都是表現出大陸的性格，而台灣的東海岸則是大陸邊緣，因為台東的一部份山脈，呈現出很明顯的大陸和海洋中間的性格。[1]

　　在這個時代中，台灣最早出現的族群是高山族。在諸多日本學者的研究之下，對於當時的高山族群的分類，有相當豐富成果。[2]目前台灣將高山族分為九至十族的觀點，其實也是源

---

[1] 方豪，《臺灣早期史綱》（台北：臺灣學生書局，2006年），頁1。

於這一類日本學者的研究。在這一類型的研究中，最早可找到
台灣南部在二萬多年以前就有「左鎮人」，可惜此一研究找到
的只是「人」而已，而另外在台灣東部的史前文明的研究中只
找到所使用的器物，卻沒有找到「人」，雖不無遺憾，卻也可
以分別從不同的角度證明台灣具有極為久遠的史前文明。

　　有關台灣最早出現的史前平原，著名小說家鍾肇政曾經著
有《卑南平原》一書，並予這部小說一個相當突出的定位，認
為這是他超過千萬言的諸多文學著作中，令他最為感到喜悅
的一部。[3]《卑南平原》在鍾肇政的諸多著作中，當然比不上
其他大河式的小說來的名聲響亮，鍾氏最著名的「濁流三部

<hr>

2 同前註，頁5。「日人鳥居龍藏先分為七族，後又改為九族；伊能嘉矩則
分為八族；移川子之藏等分為九族；鹿野忠雄氏則分為八族。」另外於
第7頁：「現存土著各族——他們對自己祖先的發祥地，都有傳說，卻不
外乎下面三種說法：（A）發源於高山（B）發源於平地和海岸（C）
發源於海外。說自己發源於高山的，一定最先來臺。第二和第三種傳說
的各族，顯然比較後來，可能來自印度尼西亞和菲律賓。所以衛惠林教
授認為說臺灣現存土著，完全來自馬來西亞，或完全來自中國大陸，都
無法接受；他主張分新舊和南北兩系；北部和中部山地各族屬於大陸舊
文化系統，亦稱東夷遼越文化；東部以及平地各族屬於南島系文化亦稱
印度尼西亞文化。如果我們承認中國大陸是整個東南亞乃至太平洋文化
的搖籃，那末，本省已絕和現存各先住種族，無論來自大陸、來自印度
尼西亞或來自菲律賓群島，實際上，直接或間接，都來自中國大陸。至
於他們移入臺灣的年代，學者意見並不一致，但一般認為至少五千年
前，臺灣已有他們的蹤跡。」，請參閱馬淵東一著，鄭依憶譯，〈臺灣
土著民族〉，收錄於黃應貴主編，《臺灣土著社會文化研究論文集》
（台北：聯經出版公司，1986年），頁49。
3 鍾肇政，《卑南平原》（台北市：前衛出版社，1987年）。

曲」，凡一百萬字，其他尚有長篇幅的巨作，何獨鍾氏在感情
上獨鍾《卑南平原》，應是人類對於土地的一種認同與感動。
鍾氏在他的此一作品中，找到了這塊他所生長的土地的最早的
先住民的源流，強化了土地認同而有所感動，這是身為地球主
人的一種正常反應。

貳、中國的海洋文化發展

　　而在台灣海峽開始在整個地殼變動而產生相對低下的變
動，成為海峽以後，流經此一海域的海流也有了比較特殊而異
於其他海域的特質。曹永和在2000年所出版的《中國海洋史論
集》，不管是對台灣海峽，或者是包括整個中國沿海區域的研
究，都有相當大的突破與發展。在此論集中的卷首之作「中國
海洋史話」中，相對一般普遍存在於學界的刻板印象，認為中
國是個純粹的陸權國家的觀點上，「中國海洋史話」一文指出
了中國史前文化中即已包括了海洋文化，[4]不但殷商文化中含
有強烈的海洋因素，並且從周朝開始，海洋的力量，也就是近
代關於「海權」的政治作用，在當時已經展開了。這是海洋政

---

4 曹永和，《中國海洋史論集》（台北：聯經出版公司，2000年），頁
　9。「新石器時代晚期帶有海洋色彩的龍山文化，因與邊疆文化交互影
　響，並摻雜了新的成份，遂於中原地區形成了中原龍山文化，後來逐漸
　發展而孕育出青銅器文化，成為中國文化的母體，也就是黃河中原地區
　的殷商文化。換句話說，中國文化是大陸文化與海洋文化的交流而形成
　的新的中原文化；而已具有海洋文化特質的龍山文化，作為殷商文化的
　主要發展基礎。」

治力量在人類的政治軍事運作中扮演關鍵角色的最早的新發現．也是一項極有突破性的學術成就，扭轉了中國純陸權國家的看法。

中國早自遠古時代開始，就呈現非常明顯的陸權國家性格。早在神話時代，所謂「黃帝」大戰「炎帝」，並征服暴君蚩尤的過程，就展現出中國這個大陸國家早期形成的過程中，是以內陸文明征服河川下游及沿海地區。[5]而所謂「黃帝」的稱謂，其實是揉合此一軍事集團勢力起源於內陸的黃土高原，經由黃河，加以是黃皮膚的種種因素有關，甚至到了近代，仍有所謂的「黃禍論」存在。[6]

以西洋文明為中心的文化論述，向來以中國為東方文化的代表，而東方文化的開展，自「黃帝」時代以後的堯、舜、禹時代至夏、商、周期這樣漫長的年代中，儒家文化開始成形、興起，並且取得了獨尊的地位。可以說中國的陸權文明，孕育了儒家思想，讓內陸文明的生活規範與文明在儒家文化中建構起完成的生活文化思想體系。[7]而西方文明的發展，正好與東方呈現出相反的方向。當內陸文明在華夏大地蒸蒸日上時，蔚藍色的海洋文明，正在地中海悄悄崛起了。早在古希臘時代，

---

5 蘇曉康、王魯湘，《河殤》（台北：風雲時代出版公司，1988年），頁88。

6 同前註，頁5。

7 李澤厚，《當代思潮與中國智慧》（台北：風雲時代出版公司，1989年），頁12-13。「在整個中國文化思想上、意識形態上、風俗習慣上，儒家印痕到處可見。」「儒家的確在中國文化心理結構的形成上起了主要的作用，而這種作用又有其現實生活的社會來源的。」

雅典的民主思想，也隨著雅典的海上權力一同興起，更重要的
是，西方世界因爲海權而導致了民主革命。[8]

　　可是，如前頁所述，中國自古以來即爲陸權國家的觀點，
並非絕對或一成不變。除了1990年代中國最爲轟動並且受歡迎
的《河殤》對此一觀點持內省角度加以反思外，前述曹永和的
「中國海洋史話」，則對古中國海權力量對於統治集團的興衰
有比較新而突破性的學術研究成果出現。此研究指出了關於海
洋資源，甚至海權力量在中國的軍事爭霸戰中，具有相當關鍵
的影響力。在周朝春秋戰國時期，最著名的霸主齊桓公，一般
傳統的中國古籍典冊的觀點認爲，英明的齊桓公因爲有名相管
仲輔佐，所以能稱霸諸侯。但在曹氏此一海洋史的研究中，則
指出齊國位處沿海，是因爲豐富的海洋資源，並以其來發展
工商貿易，所以才能富庶強盛。[9]這是以經濟爲角度的研究觀
點。而在海權的觀點上，也就是海上的軍事行動上，此一研究
則指出當時吳王夫差動員了海上舟師以海道攻擊未果，爲齊軍
所退。[10]到了西元前482年，越王句踐則以大將范蠡率領海軍
從海路入淮河截斷吳王退路，並一舉擊敗吳王夫差並終而滅
之。此爲中國歷史上著名的「句踐復國」軍事行動，海上攻略
成爲勝負的關鍵因素之一。

　　在這場海路舟師的軍事行動中，最引人側目的則是負責指
揮大軍的范蠡，如果以現代職級來稱謂，其職務應當是海軍總
司令。他在勾踐擊敗吳王夫差的行動結束以後，採取了中國歷

8 蘇曉康、王魯湘合著，前引書，頁89。

9 曹永和，《中國海洋史論集》，頁8-10。

10 同前註，頁12。

史上首見的所謂「急流勇退」的政治判斷，立即辭去其所有在朝廷內所有職務，隱姓埋名經由東海海道「移民」到齊國陶縣的地方，經營商業有成，成為後來史上赫赫有名的「陶朱公」，[11]並名列司馬遷史記所書「貨殖列傳」中之傳奇人物。[12]

范蠡由越國即現代的浙江一帶經海道潛往齊國改名易姓經商之所以可以在廣泛的現代意義下被稱為移民，乃是因為在古代的傳統意義中被視為周王朝所封的各國家，其實在學者研究下，有新的觀點出現。曹永和的最新研究觀點認為周朝初年所實施的封建制度，究其本質而言，實際上就是人類文明史上最早的武裝殖民運動。[13]根據曹永和的研究，當時范蠡所率海路舟師，也就是海軍的軍力共動員了習流2000人、教士4萬人、君子6000人、諸御1000人的大軍。在滅了吳國後，越國在西元前473年於琅邪山築觀台，派有勇士8000人，配置軍船300艘於此。到了西元前468年，越國更遷都琅邪，這更表示了為確保制海權，以便增強其逐鹿中原的實力。[14]而范蠡「移民」齊國的海道——東海，其海域南迄台灣之鵝鑾鼻南端，當時因台灣於中國大陸並無任何關聯意義，因此亦沒有台灣海峽此一名稱。

---

11 同前註，頁11。
12 漢‧司馬遷，《史記（五）》（台北：建宏書局，1976年），頁3257。
13 曹永和，《中國海洋史論集》，頁11。
14 同前註，頁12。

第二節　中國對台灣的早期移民

壹、儒教文明的發展與重點

　　中國真正移民概念的出現與發展，乃是在秦國統一六國，其後又進入漢帝國時期，由於獨尊儒教，罷黜百家的原因，形成了以儒教為中心的漢文化的文明區域；由於對外海上交通愈形便捷，便擴張至整個東亞，成為東亞文明，而東亞文明也正是以儒教文化為中心的一項文明。[15]根據歷史學者杜蘭（Will Durant）的研究，他在《中國與遠東》一書中認為，中國自周初的封建王朝開始，由當時的宰相，著名的周公（姬旦）所制訂的「周禮」與後來的孔孟之學的融合，從而形成中國文明的主流，亦即所謂「儒教文明」。[16]但正如社會學思想家韋伯（Max Weber）在其繼《基督新教倫理與資本主義精神》後所著的《中國的宗教：儒教與道教》一書中所指出的，中國的文明，包括宗教文化的主流，除了「儒教」以外，尚有道教和佛教。[17]這也是後來貫穿中國歷史綿延不絕的釋道儒三家各為表裡，即外儒內道或外儒內佛的中國文明的一個重要宗教因素的開始。中國學者馮友蘭因此認為孔子是中國之蘇格拉底，而孟

---

15 同前註，頁13。

16 威爾·杜蘭著，《中國與遠東》（台北：幼獅文化公司，1995年），頁11。

17 韋伯著，《中國的宗教：儒教與道教》，頁207-270。

子則爲柏拉圖。[18]

　　就時代的發展來說，道教源流早於佛教，因爲道教的經典「易經」乃周朝創建者周文王尚被其敵對的殷國紂王囚禁時，根據天地諸象所撰的人生哲學，後來因孔子及相關學者刪訂而成。[19]最後因其爲八卦所演繹而成的六十四爻，後來卻成爲一些道教信仰乃至基督教所謂的「偶像崇拜者的卜卦占卜之術」的起源。

　　在易經之後所興起的老子的「道德經」亦爲中國文明之重要文獻，繼之其後的莊子哲學，匯集成爲中國道家思想文明的主流。但韋伯在其《中國的宗教：儒教與道教》一書中所指的道家，則除此之外較著重於神鬼崇拜。韋伯甚至指出，中國帝王早已有封鬼神的權能，韋伯此一見解，證諸中國歷史後來小說時代出現的《封神演義》的出現，以台灣近代神祇頗多帝王將相的現象來看，實具有極具深度與睿智的洞見。[20]

　　至於儒教與道教中比較傳統或者稱之爲庶民階級的一般鬼神崇拜的現象，韋伯則有比較批判性的看法。韋伯指出：

---

18 黃仁宇著，《赫遜河畔談中國歷史》（台北市：時報文化公司，1994年），頁18。「在儒家的傳統中，孔孟總是行影相隨，既有大成至聖，既有《論語》，則有《孟子》。孔曰『成仁』，孟曰『取義』，他們的宗旨也始終相配合。《史記》說：「孟子序詩書，述仲尼之意。」今人馮友蘭，也把孔子比做蘇格拉底，孟子卻可以比做柏拉圖。」

19 孫振聲著，《白話易經》（台北：星光出版社，1981年），頁2。「……孔子刪『詩』『書』，訂『禮』『樂』，作『春秋』，然後傳述『易』，儒家將『易經』冠爲六經之首；而且春秋、戰國時代的儒、道、墨等諸子百家，以及唐、宋以後儒、佛、道各家的學術思想，也無不淵源於『易經』的天人之學。」

「……儘管容許道教存在，但就我們由歷史中所知者，從沒有出現過強而有力的教士階層。更重要的是，根本就不曾有任何獨立的宗教力量足以開展出一套救贖的教義、或一套自主的倫理與教育。因此，屬於官僚階層的那種主智化的理性主義得以自在地伸展；與其他文明相同的是，此種主智主義從內心裡就蔑視宗教——除非宗教成為馴服一般大眾所必須的手段。主智主義之所以容忍職業宗教人的存在，是因為關係到官方威望——為了使民眾馴服，這種威望是不可或缺的，即使在面對受傳統束縛而勢力強大的地方氏族，這種威望也強固不移。其他所有宗教性內在、外在的進一步發展，都被斷然斬絕。祭拜皇天后土以及一些相關的神話英雄和職有專司的神靈，乃是國家事務。這些祭典並不由教士負責，而是由政權的掌握者來主持。由國家所制定的這種"世俗宗教"（lay religion）乃是一種對祖靈神力之崇奉的信仰。而一般民間的宗教信仰，原則上仍停留在巫術以及英雄的一種毫無系統性的多元崇拜。家產制的官僚體系在其合理主義的立場上，對於此種根本為其所蔑視的混沌狀態，幾乎毫無加以系統性轉化的意圖。官僚體系只是接受了此種狀態。」[21]

---

20 韋伯著《中國的宗教：儒教與道教》，頁208。「另一方面，從儒教的國家理由的立場而言，宗教則必須是『為民而立』的。根據夫子所言，世界的秩序是靠著信仰才能夠維持得住的。因此，宗教信仰的維護，對政治而言，甚至比民生的顧慮要來得重要。另一方面，皇權本身即是個至高且經宗教性聖化的結構，從某個觀點上而言，它超出民間所崇奉的眾神之上。皇帝個人的地位，正如我們所見的，完全是基於他做為上天（其列祖列宗所居的上天）的委任者（天子）所具有的卡理斯瑪。」

21 同前註，頁207-208。

韋伯討論儒教的批判尚不僅於此，還包括了「自然科學的闕如」[22]、「恭順」[23]、「對經濟的態度與對於專家的排斥」。[24]在最後的結論之中，韋伯並且把基督新教與儒教做了更為完整的對比，以分辨其良窳之所在。

中國古代的移民概念，基本上與海路交通是密不可分的。越王戰勝吳王後，統領海路舟師的范蠡遁入三江五湖，再走海道到齊國埋名隱姓成為留名史冊的陶朱公，就移民的概念而言，並不十分完整。而就台灣海峽的海域而言，范蠡自浙江北走循海道入齊國走東海航線，東海海域雖南迄台灣的鵝鑾鼻，但范蠡向北走並未經過此一海域，以台灣海峽做為一個移民通道而言，其所扮演的歷史角色，此時並未開始。尤其台海左濱福建地區，在吳越爭霸之春秋戰國時期，仍屬蠻夷之地，到了吳國為越王所滅之後，而越國又為楚國所滅，原來越國之民往南移逃並與閩地土著融合以後產生的閩越族開始，直到走入廣東的南越族逐漸興起以後，古中國沿海地區，從浙江、福建、廣東各地區對外的海上交通，乃至移民海路航線，才開始有了比較頻繁的貿易以及移民的航線開始。

貳、中國大陸對台灣移民源起

如果單以台灣海峽為移民通道的概念來分析，則無疑福建泉州府為主要對外移民之出口港，其移民對象區域包括了南向

22 同前註，頁215。
23 同前註，頁222。
24 同前註，頁224。

的東南亞地區。但在泉州府對外成為重要港口之前,中國沿海地區對外的主要出口港口則為廣州,廣州在唐朝黃巢之亂時,遭到極為慘重的兵災,總共約有10萬名的伊斯蘭教、基督教、猶太教的外來移民在此區域內遭到無情屠殺。[25]從此一嚴重的農民暴動與軍事武裝集團的叛變造成的武力迫害歷史事件中可以看出,當時的廣州已經成為東南亞、南亞印度,甚至中東地區民眾移民者所選擇的一個商貿重鎮。在遭到黃巢之亂造成的慘酷殺戮後,廣州的對外移民港口重要性一蹶不振,地位漸由泉州取代,而泉州北方的出海港明州(浙江寧波),則因其地理位置面北向,因之乃有向東航行琉球,再航向日本,甚至高

---

[25] 關於黃巢之亂在廣州大肆殺人的部份,正統歷史學者並沒有比較清楚的說法。黃仁宇在《赫遜河畔談中國歷史》中僅在「黃巢」一章中提及:「他(黃巢)於這年由浙江江西入福建,是年冬或翌年春得福州,又再於八七九年的夏天攻佔廣州。」反倒是因冤獄坐牢的作家柏楊在獄中所著的《中國人史綱》(台北:遠流出版公司,2006年),頁692中將之定位為「最大一次農民暴動」,其中有這樣的敘述:「黃巢的進軍路線,我們不再敘述。而只提出兩點補充:第一、黃巢農民兵團的復仇和破壞政策,在江南繼續執行。攻陷廣州(廣東廣州)後,僅西洋僑民(大部份是阿拉伯人),因他們都是富商的緣故,一次就屠殺了十二萬人。然而自880年從采石磯(安徽馬鞍山西南)渡長江北上,折回中原時,即行改變採取安撫政策。所以當他們進入洛陽時,市面上交易如故,婦女兒童都沒有受到驚擾。第二、黃巢農民兵團以兩年(878、879)的時間,像秋風掃落葉一樣橫掃江南,不純靠軍事攻勢,主要靠動人心魄的政治號召,和當地窮苦無告的農民的響應。所以每到一處,都有新的力量投入。部隊逐跟滾雪球一樣,越滾越大。攻陷首都長安時曾受到市民夾道歡迎,歡迎群眾的襤褸衣服和喜悅表情,使黃巢農民兵團感動,向他們散發金銀綢緞,並宣佈廢除唐政府的暴政。」柏楊此觀點,與中共將黃巢定位為農民英雄的觀點很相似。

麗朝鮮國的航線存在。在唐、宋、元三時的海上貿易及交通次
數及貿易量,也都相當可觀。

　　這是在大航海時代,也就是所謂的地理大發現的時代開始
以前,在葡萄牙、西班牙,乃至英、荷等國的西方帝國殖民主
義者的艦隊未進入東亞地區和台灣海域之前的中國沿海對外貿
易、移民、交通的實際情況。而自大航海時代開始,台灣海峽
在國際政治及經貿關係中所扮演的角色,不僅在國際舞台上日
漸頻繁與重要,即使在海峽兩岸的中台關係上,也開始有了愈
見頻繁複雜的互動。

　　對於目前居住在台灣的人民而言,早期先民來台航越台灣
海峽的經驗,已經演化為每年定期的宗教廟會盛典活動。所謂
「三月猻媽祖」的數以百萬人計的農曆三月媽祖崇拜活動,迄
今有越演越盛的趨勢,連國家領導人都必須紆尊降貴來投入此
活動。此活動中的主要神祇媽祖,即是早期台灣先民渡海來台
的海上守護神,所以目前大肆舉辦此一慶典也都在沿海的大甲
與雲林的北港兩大媽祖宮來舉辦,時而亦有媽祖信徒回中國大
陸的媽祖廟做宗教交流的情況。

　　非只宗教活動反映了台灣人渡海移民的性格本質,台灣著
名的作曲家及歌手陳明章,就曾譜下「唐山過台灣」一曲長達
五分鐘的歌曲來闡述過先民渡海的辛酸。[26]這首曲子中有「手
舉三支香,拜託媽祖婆仔保庇,平安到淡水。……」聽來十分
動人,令台灣人感念先人來台之不易與風險。與美國早年五月

---

26 滾石唱片行發行,陳明章「下午的一齣戲」專輯。作者陳明章曾獲威尼
　　斯影展最佳配樂獎。

花清教徒的美洲移民相比，台灣先人自中國沿海移民，主要的動機是經濟因素，而清教徒移民北美洲，則是有相當大的宗教因素在內，也就是信仰遭到迫害或壓制的問題存在，才會有移民新大陸北美洲的行動，因此美國後來得以經由制憲成為基督教化極深重的一個國家，雖然傑弗遜在憲法中寫入信仰自由的基本原則。

台灣海峽又被稱為「黑水溝」，一般人以為這是俗稱，這種說法大概不能算錯，但俗稱亦有其一定理性上的原因存在。創建民進黨的早期人物姚嘉文在被判政治獄服刑期中，為追尋台灣歷史文化的源頭，即撰有《台灣七色記》系列小說文學作品，其中即有一冊書名為《黑水溝》。在這部小說作品中，即出現有「郭烏洋」這樣一位人物來負責台灣海峽兩岸海上交通的生意。所謂「郭烏洋」，就是台語的「過黑水溝」的意思。姚嘉文這部小說，據筆者本人於他出獄後前往訪談，姚氏曾提及此一《台灣七色記》完全是以歷史文獻為依據所撰之歷史小說，關於郭舵公其人有如下的敘述：「……郭舵公名為『烏洋』，『烏洋』就是『黑水溝』的意思。他在潮州故鄉出生時，父親剛從台灣北港駛船過溝回去，路過外溝海上，搶了兩隻小洋船，分了不少洋貨，心中歡喜，就替嬰兒命名『烏洋』，紀念此行收穫。」[27]既然是歷史小說，則其依據必有所本，曹永和在《台灣早期歷史研究續集》中「環中國海域交通史上的台灣與日本」一文中，曾有如下的記載：「然而要尋求日本人的根源時，終究還是要在親潮、黑潮等的古代海道」，

---

27 姚嘉文，《黑水溝》（台北市：自立晚報，民國76年5月），頁37。

其中所說的黑潮，即是黑水溝。[28]

廣州以南海爲出海口，在遭到慘重的黃巢兵亂以後，所遭劫難尚不止於此，758年，應邀從西域來中國參與平定安史之亂的大食與波斯兵，準備從廣州乘船回國，臨走前不僅攻打廣州城，還迫使廣州刺史韋利見「棄城而遁」，泉州的地位因此逐漸浮現，台灣海峽的歷史角色也開始登上國際舞台。

泉州港市的興起，得歸功於河南光州固始縣王潮、王審知兄弟二人來福建平黃巢之亂以後所建立的軍事政權閩國的經營。「閩王」王審知不但開發福建的經濟，並且推動海外貿易，[29]「招來海中蠻夷商賈」。[30]王審知治閩國有成，閩地之人頗爲感恩戴德，但傳至第五代後，政治腐敗，政權因而崩潰並爲各方軍人分而治之，治理泉州一地的爲軍人留從，進行了現代所謂「城鄉新風貌」改造，環城種植夏季盛開紅花的刺桐柳。從此，泉州在西亞客商當中，有了「刺桐城」之美名，十三世紀馬可波羅抵達中國時，即是以此一名稱來稱呼泉州。[31]到了唐代末期，泉州因爲中亞地區阿拉伯伊斯蘭國家力量的興起，成了與中東往來貿易的港市。中亞伊斯蘭國家勢力之興

---

28 曹永和，《台灣早期歷史研究續集》（台北市：聯經出版有限公司，2006年2月），頁6。根據大英百科全書對黑潮的解釋：「（黑潮）又稱日本洋流（JAPAN CURRENT）。爲強大的表面洋流。是太平洋北赤道洋流在菲律賓呂宋島與日本海東岸之間向東北流的延續。……早在1650年歐洲地理學就已知黑潮。黑潮之水色較深，故名。」

29 湯錦台，《閩南人的海上世紀》，頁56。

30 歐陽修，《新五代史》，〈閩世家〉。

31 湯錦台，《閩南人的海上世紀》，頁58。

起則以巴格達城之建立爲表徵，成爲中亞區域最爲繁榮的大都會，驕奢淫慾充斥其間，世界文學名著《一千零一夜》即是以其爲背景所撰。巴格達也是阿拉伯商人航向中國的源頭。到了宋王朝建立，東西商業交流的黃金時代來臨，泉州一躍而成爲中國從海上溝通阿拉伯世界的主要港口之一。[32]此一歷史的發展，使福建廣東地區，以及後來的台灣人中的血液當中，有混有阿拉伯血統者存在。

參、移民台灣的地緣分析

就歷史研究的角度而言，從台灣向北經琉球（沖繩縣）往上至九州與日本列島此一弧狀島嶼（又稱第一島鏈）之亞洲內側海域，曾有東方地中海之稱，此一海域之移民情況，遠溯至史前時代就已開始，多年來歷史學家在考古及遺址的發掘上，已經有十分的確據。除此之外，以台灣最普遍常見的田中作物甘藷，即是從南洋經由此一弧狀島嶼北船向日本。至於台灣自史前時代即已有之原住民究竟從何處而來的問題，學者大約有兩種看法，一種認爲來自南太平洋群島並向迄印度洋範圍內的群島，都是台灣原住民的起源祖地。最近這幾年，在新聞與媒體所報導的台灣原住民之語言可與南太平洋等地原住民語言可通的新聞內容，早在多年前學界已有提出。另外一種看法則認爲，台灣的原住民來自中國大陸者甚多，與前一種說法互異。關於這兩種說法，學者衛惠林認爲，此都和中部山地各族屬於

---

32 湯錦台，《閩南人的海上世紀》，頁63。

大陸舊文化系統，亦稱東夷遼越文化；東部以及平地各族屬於
南島系文化，亦稱印度尼西亞文化。[33]

　　綜合前述看法，其依據為各種考古學所出現的證據。而方
豪的看法涵蓋面則更廣：「如果我們承認中國大陸是整個東南
亞乃至太平洋文化的搖籃，那末，本省已絕和現存各先住種
族，無論來自大陸、來自印度尼西亞或來自菲律賓群島，實際
上，直接或間接，都來自中國大陸。」[34]這樣的看法相當符合
《槍砲、病菌、與鋼鐵》[35]中對歐亞大陸人類以及各種動植物
的成長及馴化的觀點。只是當時仍屬於史前時代，因此「中
國」大陸的名詞使用，比較正確的用詞應當是「亞洲」大陸。

　　至於就基督信仰的人類之起源來說，有由「一本生萬族」
的論述，並且在《創世紀》的「巴別塔」中，上帝原讓所有人
類使用同一種語言，後來人類別出心裁，認為興建巴別塔可使
人更接近上帝，使上帝將人類分開，並使用各種不同的語言，
所有的紛爭與衝突自此開始。用聖經此一神學的角度來看，方
豪的觀點是符合基督神學的觀點。美國好萊塢的新銳導演岡札
雷斯，去年所拍的新片「巴別塔」（中譯火線交錯），則充分
的詮釋了這樣的神學觀點，這部電影後來得到了當年的金球獎
最佳影片。[36]

　　而中國大陸東南沿海的住民，即原來因軍事行動剿黃巢之

---

33 方豪，前引書，頁8。

34 同前註，頁8。

35 賈德・戴蒙（Jared Diamond）著，王道還、廖月娟譯，《槍炮、病菌
　　與鋼鐵》（台北市，時報出版，1998年）。

36 見王世勛著，《基督教論壇報》，收入論文之附錄中。

亂時由河南南下的外來人口，與閩地當地的原住居民，加上之前秦始皇嬴政的人口大遷徙，由中原地區向東南閩越地區超過50萬以上的南向大移民，都使東南沿海，即現在浙江、福建、廣東諸省人口不僅成長，而且明顯漢化，而成為後來所稱的百越民族，從史前時代的此一東亞經濟交換地逐漸進入文化與種族的共同形成區，東南沿海的百越是因早期越國為楚國所滅，因此由現在的浙江區域往南分散至福建廣東等地，甚至依史料而言，目前稱為越南的國家，早期亦曾經有越族向南遷徙的一個區域，後來中國曾多次與越南有數次之因國界認定，產生軍事與外交衝突，其原因也與此有關。

　東南沿海的對外移民方式，最為有名的是中國古代已有神仙之道的追求，從秦漢時代開始，一直延續到隋唐的時代。目前仍然引起中日學者爭論不休的一個問題，可以呈現當時移民的狀況，即徐福奉秦始皇帝之命出海向東尋求神仙永生之道，以致過日本後，因遍尋神仙之道沒有著落，而滯於其地，後來竟成為日本第一世代的神武天皇的爭議，[37]證實了當時中國對海外的移民，起自秦朝。隋朝時，海外求仙的目標地，則是目前屬日本的琉球，而台灣海峽的海上移民則先至當時稱為「平湖」的澎湖。與移民同時發生的經濟交換甚至商貿，更一度使琉球因比日本列島更近中國大陸沿海，一度還使當時琉球的中山王朝在經濟及政治上都有相當程度的成長與發展。

　中國春秋時期的越王海軍由范蠡出海北征吳國只行經東海海域，但後來的在中國陸地內部的軍事衝突則在台灣海峽有了

---

37 彭雙松，《徐福即是神武天皇》（苗栗：富蕙出版社，1983年）。

海軍南下征伐的行動。在後唐時代,自浙江一帶的軍事集團則
南向往現在的福建、廣東區域遣出海軍配合陸路的軍事進攻。
根據目前最新的歷史研究成果來看,這應當是台灣海峽史上的
第一次軍事行動。也就是此一台海軍事行動奏功,以致使廣州
成爲中國王朝統治版圖內最爲便捷的出海口。[38]

---

38 湯錦台,《閩南人的海上世紀》(台北:果實出版,2005年)。

[第三章]

大航海時代

（十七至十八世紀）

第一節 海權時代的歷史意義

壹、基督神學對海權觀點的詮釋

　　將十七至十八世紀做為一個斷代史來研究海權時代的歷史意義，具有一項極關鍵的因素；如果嘗試用基督神學觀點來加以闡述，可以使人更明白此時期歷史的深刻文明內涵。此種闡釋方法的嘗試，可在自韋伯以來之各家政治理論的論述中，得到另一種角度的觀點，獲得更多的歷史文明之原始圖像。

　　如果我們回到《聖經》第一頁，我們會在「創世記」裡讀到這樣的開始：「起初，神創造天地，大地空虛渾沌，淵面黑暗，神的靈運行在水面上，神說，要有光，就有了光…」；在這裡值得注意的是空虛渾沌的「大地」，以及神的靈運行在「水」面上，而不是運行在「地」面上。也就是說，根據神啟，神的靈選擇了「水」，而「水」也一直是聖經基督神學的一個極為重要的「密碼」。接下來就是駭人的第一樁人類謀殺案，哥哥殺了弟弟，從事農耕的該隱殺了以游牧為業的亞伯。記載是這樣的：

　　「…亞當跟他妻子夏娃同房，她懷孕，生了一個兒子。她

説：『由於上主的幫助，我得了一個兒子。』她就給他取名該隱。後來，她又生了一個兒子，取名亞伯。亞伯是牧羊人；該隱是農夫。過了一些日子，該隱帶了一些土產，作祭物獻給上主；亞伯也從他的羊群中選出頭胎最好的小羊，作祭物獻給上主。上主喜歡亞伯，接受了他的祭物，但是拒絕了該隱和他的祭物；因此該隱非常生氣。上主就警告該隱：『你為甚麼生氣？為甚麼皺著眉頭呢？你要是做了該做的事，自然會顯出笑容，但因為你做了不該做的事，罪已經埋伏在你門口。罪要控制你，可是你必須制服罪。』

後來，該隱對他弟弟亞伯說：『我們到田野去走走吧！』他們在田野的時候，該隱對弟弟下手，把他殺死。

上主問該隱：『你弟弟亞伯在哪裡？』

他回答：『不曉得。難道我是看顧弟弟的人嗎？』

上主責問他：『你做了甚麼事？你弟弟的血從地下出聲，向我哭訴。你殺他的時候，大地張開口吞了他的血。現在你受詛咒，再也不能耕犁田地；即使你耕種，土地也不生產。你要成為流浪者，在地上到處流蕩。』

該隱對上主說：『我受不了這麼重的懲罰。你把我趕出這塊土地，叫我不再見你的面；我將成為無家可歸的流浪者，在地上到處遊蕩，人家遇見我，都想殺我。』

但是上主回答：『不，誰殺了你，誰就得賠上七條命。』因此，上主在該隱額上做了記號，警告遇見他的人不可殺他。於是該隱離開上主面前，來到伊甸園東邊叫『流蕩』的地方居住。』[1]

---

1 《聖經》，創世記第四章，1-15節。

在這一章的經文裡面，出現了一個令神學家困惑了好幾百年的一個問題，就是為何上帝不悅納該隱的祭物農作物，而悅納亞伯的祭物，亦即頭生的羊羔？幾世紀以來，神學家因此困惑地猜測說，也許上帝喜歡游牧族群而排斥農耕族群？或者猜測該隱沒有獻上初熟的果子與作物，因此被上帝認為不夠敬虔。對照後來上帝毀滅了所多瑪這個罪惡的地方，[2]顯然游牧民族亦未倖免於難。上帝因為紀念亞伯拉罕的緣故，所以在毀滅所多瑪時，留下了其侄子羅德一家人的生路，可惜住在所多瑪的羅德的妻子因為不聽天使的吩咐，在回首望了所多瑪城時變成了鹽柱。那麼，再回到該隱殺了亞伯以後，上帝所說的那一句話，亞伯的血在「土地」裡向我控訴！

在該隱殺亞伯以後的若干年代，大洪水時代來臨，上帝此時把話說得很清楚，所有的土地上充滿著罪惡，以此上帝用洪水來洗滌罪惡，唯獨義人挪亞蒙上帝的恩典得到預警，並且遵行上帝指示辛勤的製作了一條大船。這條後來被稱為「挪亞方舟」的大船，可以想見的是在製作過程中必然引來一些聰明的有識之士的訕笑。《新國富論》的作者大衛‧蘭迪斯提到這條方舟時曾如此寫道：「上帝要救挪亞沒錯，但挪亞必須辛勤的工作，才能救自己。」[3]大衛‧蘭迪斯此一看法，是韋伯《基督新教倫理與資本主義精神》中有關於「辛勤的工作是最好的制欲方法」[4]的觀點的一個延續。大衛‧蘭迪斯並且加以一個更清楚的闡釋，「薪水袋子裡的工資，是最受神祝福的財

---

2 《聖經》，創世記第十九章。
3 大衛蘭迪斯著，《新國富論》（台北市：時報出版，1999年1月）。
4 顧忠華，前引書。

富。」這也是歐洲新教國家的工匠精神建構起的資本主義新教文明的一個基本架構。

貳、基督信仰與近代歷史發展

　　所以，人類基本上是在土地上不斷犯罪，卻在洪水中得到救贖的觀點，可以是符合基督神學的。因爲關於「挪亞方舟」的故事，在神學家的詮釋中，是人在基督名下受洗獲救重生的意義已經十分確定。如果把「挪亞方舟」的故事轉化成近代海權興起的公式中，那無疑挪亞是人類第一位大航海家，拯救人類在土地上所製造的罪惡，而陸地，或者說是陸權國家理論，不管是套用傑弗遜的觀點，說是戰爭的製造工廠，或者是侵略理論也好，出現海權與陸權對抗的歷史演化進程，是既合於聖經最初在「創世記」中的教導，又可以當做「神的永遠計畫」之一環來檢視的。論及「神的永遠計畫」，就一般基督徒而言，乃是耶穌基督的救恩福音，乃是自猶太向西行向羅馬，經歐洲大陸，再繼續經大西洋，傳至北美，再經太平洋傳至亞洲，最終回到耶路撒冷。

　　以亞洲中國大陸的歷史來觀察，「中國是世界上最早生產糧食的地區之一」[5]，在秦皇漢武以迄唐宋、元明以來，一直呈現著游牧與農耕族群的政權爭奪戰，而在明朝的開國皇帝朱元璋的鎖國政策之所謂「寸板不許下海」的絕對重農主義，使

5 賈德・戴蒙（Jared Diamond）著，王道還、廖月娟譯，前引書，頁362。

中國長達千年以上的政治宗教文明的累積與沉澱，進入了可怕的毒化期，中國學者吳辰伯所著之《朱元璋傳——附錄：歷史的鏡子》[6]，與另一《明代特務政治》[7]兩本研究著作，對此毒化文化的現象有十分深入的分析。另外，孫隆基在《中國文化的深層結構》中[8]，對中國民族性的文化層的異質化，也有相當深入的反省與剖析。

　　朱元璋對釋、道、儒三教深有研究，早年又當過和尚，登基以後大力推動中國大乘佛教信仰的皇帝，曾撰寫過《三教論》[9]（釋道儒）[10]，而他的政權的恐怖本質，堪稱中華帝國歷史之最。後來在朱元璋的年代裡，第一次這個陸權國家的海上航行——三寶太監鄭和下西洋時，卻出現了一種罕有的文明古國風範，好像整個中國歷史所沉澱下來的罪惡在這時得到了一些洗滌。而在這樣綿延千餘年的時代當中，人類的救贖行動，

6　吳辰伯，《朱元璋傳》（台北：活泉書屋，1983年）。

7　丁易，《明代特務政治》（台北：天山出版社，1988年）。

8　孫隆基，《中國文化的深層結構》（台北：唐山出版社，1990年）。

9　金盛淵，《王道：中國十大傑出帝王守成治天下的方略》（台北：詠春圖書文化，2002年），頁540。

10　馮友蘭，《中國哲學史》（香港：文蘭圖書公司，1967年），頁661。馮友蘭對中國哲學有如此的觀點：「南北朝時，中國思想界又有大變動。蓋於是時佛教思想有系統的輸入，而中國人對之亦能有甚深了解。自此以後，以至宋初，中國之第一流思想家，皆為佛學家。佛學本為印度之產物，但中國人講之，多將其加入中國人思想之傾向，以使成為中國之佛學。所謂中國人思想之傾向者，可分數點論之。」釋迦牟尼的佛教，遭中國人改頭換面成為中國大乘佛教以後，完全走樣變質到連釋迦牟尼都不知所云的程度。

也就是耶穌基督的救恩，並未由中東傳向東方，而是由保羅傳往西方，終於在西方興起了海權國家，先是葡萄牙，而後是西班牙、荷蘭、英國。在這四個海權國家當中，在基督神學的一個爭辯主題就是，天主教是不是基督教？馬丁路德的改教，以及後來的卡爾文新教，起先是以對抗天主教的面貌出現。至今台灣的真耶穌教會仍稱天主教為「羅馬教」，[11]而不願意加上「天主」二字。在日本則稱天主教宗為「羅馬法王」，日本人對天主教之內在排斥心理在此一對教宗的稱謂中顯露無遺。

基督信仰跟世界其他各種學術技藝相同，是隨著時代在成長的。耶穌死後一直到基督徒被壓迫的年代，是所謂的初代教會時代，到了後來成為羅馬天主教以後，無限的權力及金錢造成了羅馬教會無止境的腐敗。根據歷史學家的研究：「一些高級教士握有三個主教教座和地方教會職位，但他們並不履行任何一個職位的責任。新近一些教宗已因腐敗變得惡名昭彰。路德時代的教宗們與今天的教宗們不同，他們必須經常派軍隊作戰，參加狩獵，而且總是置其教宗職責於不顧，耽溺於世俗的享樂之中。教士的道德腐敗更是眾所周知的。一些歷史學家們估計幾乎三分之一的教士擁有情婦。」[12]

荷蘭與英國的新教是一種演化與成長，但還不夠徹底，在目前的英國聖公會中看得出天主教的餘緒。清教徒五月花號船航向北美開始建立一個純粹的基督國家，起初是以英國殖民州出現，後來在十八世紀後期一躍成為獨立的純基督國家，而這

11 謝順道，《聖靈論》（台中：棕樹出版社，1995年）。
12 莎莉‧史特潘泥（Sally Stepanek）著，《馬丁路德》（台北：鹿橋文化），頁22。

個國家的憲法制訂過程，是其他任何一個國家所未曾有過的，非僅擺脫了一切歷史的包袱，而且幾乎可以被認爲是自舊約與新約以來，在神與人之間約定的模式中，找到了人與人之間最爲完美的約定模式。盧梭在寫他的《社約論》[13]時，對基督教（包括耶穌的初代教會和後來的羅馬天主教）有很多奚落和批評，基本上很難找到他在寫作時邏輯上的錯誤。但那時地球上還沒有美國這個國家，在美國這個國家建立以後，有關於基督教與國家政治之間的論證，托克維爾在他的《民主在美國》有非常深入而詳盡的敘述，糾正並且補足了盧梭在《社約論》裡面關於基督教部份的觀點，因歷史的演化所產生的闕遺。

從盧梭到托克維爾的歷史進程，其實也是由羅馬天主教演化成美國這種清教徒式基督教的宗教發展史。這其中有一個關鍵點，就是傑弗遜主張在美國憲法中列入保障宗教信仰自由的條文，使基督教避免成爲盧梭所說的專制的宗教，盧梭當時所指的是政教合一的羅馬天主教，與後來在美國建立的清教徒式的基督教，基本上是迥然不同的。盧梭與伏爾泰不但攻擊羅馬天主教，同時也攻擊馬丁路德與卡爾文的新教，但伏爾泰到了晚年也對耶穌在福音書中所記錄的言行與教導，有相當大的肯定與尊崇，以致願意稱耶穌爲「主」。[14]

關於耶穌的論點，盧梭後來被托克維爾「訂正」的部份是：「這種情形下，耶穌起來建設天國，把宗教系統和政治系

---

13 盧梭（Jean-Jaacques Rousseau）著，徐百齊譯，《社約論》（台北：臺灣商務印書館，2000年）。
14 威爾・杜蘭著，《世界文明史之二十九：伏爾泰思想與宗教的衝突》（台北：幼獅出版社，1974年），頁364。

統分開，使國家內部不復爲單一體，而有了區分，遂使信奉基督教的民族擾攘不已。邪教徒（凡不信仰基督教的都被當作邪教徒）是從不會覺得另有天國的，始終認基督教徒爲眞正的背叛者，以爲基督教徒雖裝作順從，實則指示等待機會以求獨立自主，並陰謀篡奪他們所裝作服從的權勢。這便是虐殺的原因。邪教徒所懼的事終於到來了。一切都改觀：謙遜的基督教徒改變語氣了，所謂另一世界的天國，不久在眞實的領袖下，變爲現世最厲害的專制了。但國家中既然有了元首和法律，同時又有教長教士，這雙重的權力和管轄權之衝突，使基督教國家不能有良好的政治；人民不能知道應該聽從元首，還是應該聽從教士。」[15]

盧梭與托克維爾的辯證，其實也是小布希「總統或總牧師」的角色辯證，當然，小布希的定位很明確是總統，而不是總牧師。[16]美國後來經過南北戰爭這場又是因爲農耕與栽植棉花所引來的蓄奴戰爭以後，開始成爲一個純基督的國家。關於蓄奴的問題，率艦隊幫忙美國打獨立戰爭的拉法葉將軍曾寫信建議華盛頓，認爲人生而平等的範圍也應包括黑奴在內，也就是說拉法葉主張應當解放黑奴。但華盛頓對此一建議未予答覆，因他本人的農莊蓄有不少黑奴，而具有理想主義熱情的拉法葉，後來則眞的在拉丁美洲購買了一塊農地，並逐漸解放他的奴隸，然後依他向華盛頓所提的建議雇請他們爲佃農。[17]華

---

15 盧梭（Jean-Jaacques Rousseau）著，徐百齊譯，前引書，頁169-173。
16 史蒂芬‧曼菲爾著，林淑眞譯，前引書。
17 培里霍恩（Pierre L. Horn）著，《拉法葉》（台北：鹿橋文化），頁51。

盛頓等留下奴隸的問題未解決，終於埋下了下一世紀美國南北戰爭的禍因。[18]在未解決蓄奴問題以前，也就是南北戰爭以前，美國很難說是一個純正的基督國家。到了二十世紀末，美國終於成爲舉世無雙的超級強權，直到二十一世紀初，連續兩次由牧師出身的老布希律師的孫子布希總統及後來的小布希總統，二度對中東最好戰的伊斯蘭教遜尼派的伊拉克展開攻擊。什葉派的伊朗和遜尼派的伊拉克雖是千年世仇，但碰到美國人，他們看起來卻像是好兄弟，廝殺千年也不厭倦的好兄弟。這也符合《聖經》＜創世記＞中耶和華對以實瑪利人的預言，而以實瑪利人就是阿拉伯人在《聖經》中的古稱。[19]

　　而在前述的中國此一陸權國家與海權國家如稍早的日本，乃至目前的日美同盟或日美澳同盟的對峙中，杭亭頓雖將日本歸類爲不同於基督教的神道教國家，但以日本近代使自德川幕府時期的蘭學（荷蘭）的發展，以及武士道精神，其實包含有基督犧牲精神在內。[20]日本做爲一個海權國家的跡象甚早，例

---

18 江澤民在五、六年前訪美時，談到中國如何解決台灣的問題時，竟引用林肯的南北戰爭為例，表示將效法林肯統一美國的精神來統一台灣，略過奴隸問題而不提，不但令台灣人覺得聽來不是味道，也令東道主的美國為這個失當的比喻哭笑不得。江澤民此一說法，反映了隔著台灣海峽的中國與台灣，因為文化發展的歧異，在政治及國際事務的認知上，也產生了相當大的分歧。

19 《聖經》＜創世記＞第16章第11節：「你將要生一個兒子；你要給他取名以實瑪利，因為上主聽到你訴苦。你兒子將像一頭野驢，處處敵對人；人也要敵對他。他要跟親族隔離，獨自生活。」

20 李登輝著，蕭志強譯，《武士道解題：做人的根本》（台北：前衛出版社，2004年）。

如被稱爲倭寇即是，後來到「明治維新」時期，日本著名維新志士坂本龍馬在促成死對頭長洲藩與薩摩藩聯合起來「勤王倒幕」成功後，在其新日本建設藍圖裡，也就是所謂的「船中八策」中，[21]就有建立現代化日本海軍的策略，根據坂本龍馬建議所成立的日本海軍，後來果眞在日俄海戰中，由東鄉平八郎司令官率領的日本海軍殲滅了俄羅斯艦隊，擋住了斯拉夫民族向東的侵略與擴張行動。[22]坂本的思想源自其業師勝海舟。勝海舟本名勝麟太郎，從其改名便可知其對海軍情有獨鍾。勝海舟的「海防八策」也是坂本「船中八策」的重要參政，坂本則加強了平等人權觀點。

---

21 司馬遼太郎著，《坂本龍馬（七）》（台北：萬象出版社，1997年），頁365。

22 司馬遼太郎著，《坂本龍馬（八）》（台北：萬象出版社，1997年），頁401。

第二節　近代歐洲海權國家的東進

壹、葡萄牙與西班牙的航海發端

　　在十七世紀伊始，也就是1600年，就大航海時代，也就是海權時代的歷史意義本身來說，最為重要的一件大事無疑就是英國東印度公司在倫敦成立。[23]當然，大航海時代並非起自英國，而是由葡萄牙和西班牙這兩個天主教國家發其端，並且在當時的羅馬天主教皇主持下，將整個地球一切為二，由這兩個天主教國家各自擁有其半，這就是後來被英國女王稱為惡名昭彰的「托迪西亞斯條約」。就東方人的觀點，幾乎無法清楚西方的教皇何以有這麼大的權力，可以將上帝的地球切開來分給這兩個在東西半球的海域上，肆無忌憚、為所欲為殺人越貨的國家。但就當時的歷史發展而言，海權時代其實濫觴於葡萄牙的亨利王子，他其實可以稱之為最為狂熱的航海先鋒，也是一名狂熱的天主教徒，配合當時時代的需求，人們經常因為一場瘟疫而死亡幾十萬人，而香料——包括荳蔻、丁香、胡椒等因為被當時的醫學界認定為可以防治疫病，而價格十分昂貴，一小包香料的價值，就超過相同容量的黃金好幾倍。香料的投資報酬率，最高曾飆至百分之六萬，也就是六百倍。大航海時代就是在如此的序幕下登場，除了價值極為昂貴的香料以外，當

---

23 湯錦台著，《閩南人的海上世紀》，卷首年表。

然，因為教皇的認可與祝福，大航海時代的航海家們念茲在茲的還有另外一種無法以金錢價值來評估的收益，亦即為教皇加添全球各地新加入的天主教徒。

關於誰是大航海時代裡最具有貢獻的航海家，除亨利王子主持的海洋理論實驗機構及人們耳熟能詳的麥哲倫與哥倫布以外，可謂江山代有人才出，後來的新教國家荷蘭與英國亦相繼出現卓爾不群為海洋事業鞠躬盡瘁的大航海家。但東方民族更希望了解的是，同樣信奉上帝，何以天主教國家在對付異教，尤其是同樣也是堅持一神論的外族人伊斯蘭教徒，能夠採取同一陣線，但當利益的糾葛難以清理的來龍去脈時，葡、西兩國彼此所採取的手段幾乎與對付異教者無異。當新教的國家興起以後，荷蘭、英國也開始縱橫海上時，與天主教國家間彼此的鬥爭亦與其對付異教者的手段邁不多讓，這些問題牽涉到基督信仰的神學問題，也是基督教發展史的問題。

葡萄牙與西班牙這兩個天主教海權力量的興起期，正好也是羅馬天主教最強盛的時期，但政教合一的腐敗的因子也在這個時期滋長。天主教會在歐洲的統治進入了黑暗時期，在馬丁路德發起改教運動以前，已經有如著名的薩凡拉羅那（Girolamo Savonarola）與胡斯（John Huss）等著名先行者，[24] 先後因為對於教皇及教會的批判而慘遭焚斃，馬丁路德與後來的卡爾文在宗教戰場上對付教廷的的鬥爭，也是後來延續下來的民主對專制集權鬥爭的先聲。而宗教改革運動也帶來了對王權挑戰的民主化運動；馬丁路德對於教皇的挑戰，可以用下面這個問題來總括：「……如果教皇可以將被判為異端者焚燒至死，那我們難道不可以在教皇的血裡面洗手嗎？」[25]

　　馬丁路德就基督教歷史來說，可以說是最為敬虔又是學問最為淵博的一位神學博士，他在德國以二十九歲之齡得到神學博士，是基督教史的一件驚人記錄。在此之前，幾乎沒有一個任何神學博士是在四十歲以前被授與學位。馬丁路德的神學造詣，使他1517年在海德堡修道院大門口上滿貼上他震動社會的「九十五個命題」質問教廷時，展現了他在神學方面深厚的功夫，這九十五個命題，任何其中的一個都使教廷疲於應付，就像是九十五個炮彈，每一個炮彈都在教會擊出大洞出來，教皇和教廷只得訴諸以武力加以鎮壓，宗教改革運動在德國因為與農民運動發生錯縱複雜的關係，教皇軍隊在德國的鎮壓整肅行動，使教皇成為當時歐洲最大號的劊子手，所至之處都有一隊刀上正在滴血的侍衛相隨。

　　在大航海的時代，葡萄牙首先崛起，但歷史的安排，麥哲倫（Magellan）也就是後來發現所謂麥哲倫海峽的著名航海家，由於在一場葡萄牙對摩洛哥的軍事行動中被指控不忠於國家，而遭到國王解職，所以在1518年投效西班牙王室，由於他是當時少數博覽眾多地理學說的航海高手，並且堅信可以由美

24 莎莉・史特潘泥（Sally Stepanek）著，前引書，頁71。「艾克博士非常狡猾，他將路德的信念和於一四一五年被燒死在火刑柱的波西米亞異端份子約翰・胡斯提出的信念拿來比較。胡斯的最大罪行是認為教宗和教會的宗教會議都會犯錯誤，當路德被迫對胡斯作出評論時，他清楚而有力地說道：「可以肯定地說，在約翰・胡斯和波西米亞人的文章中，有許多是屬於純基督教思想的……對此，普世性的教會不能橫加指責。」

25 羅倫培登（Roland Bainton）著，《這是我的立場——改教先導馬丁路德傳》（香港：道聲出版，2001年10月），頁167-175。

洲大陸找到一條貫穿其間的通道直達香料群島。聰明的西班牙
國王查理五世（Charles V）很快就認識到，這是上天正給他一
個挑戰葡萄牙看來似無可動搖的霸主地位的良機。[26]後來在王
室的支持下，麥哲倫終於完成了他的貫穿美洲大陸海上之旅，
使他的航海路線可以由西方航至美洲再穿越太平洋，直達菲律
賓以及南太平洋的香料群島。[27]他的船隊有了極豐盛的收穫，
船隊裝滿了「二十六噸的丁香，一整批荳蔻，以及一袋袋的肉
桂」，[28]於是國王賜盾徽予船長卡諾（Sebasia L. Cano）盾徽
的圖樣設計，正是三棵荳蔻，兩根肉桂及十二枚丁香花芽。

　　西班牙在昂貴的香料上大有斬獲，觸怒了原先壟斷市場的
葡萄牙，並使後者向西班牙抗議，要求遵守二十多年前的托迪
西亞斯條約，「但此案其實並不像葡萄牙人所宣稱的那麼簡單
明瞭。西班牙與葡萄牙兩國於二十幾年前即簽署的托迪西亞
斯條約，乃根據一道將全世界一分為二的教皇敕令而來。教
皇亞歷山大六世（Alexander VI）在距綠角群島（Cape Verde
Islands）以西數百里格（league，舊長度名，約等於3哩或4.8
公里）之處，『從北極至南極』在大西洋海域劃下了一道人為
中線。任何中線以西所發現的新土地，依教皇宣示，應概屬西
班牙人所有；至於葡萄牙方面則可擁有以東之處所發現者。葡
萄牙人在托迪西亞斯條約正式簽署之際，就已成功爭取到將中
線往西再推移數百哩遠，導致他們後來得已據此宣示對巴西

---

26 吉爾斯‧彌爾頓（Giles Milton）著，王國璋譯，《荳蔻的故事——香料
　　如何改變世界歷史？》（台北：究竟出版社，2005年），頁35。
27 同前註，頁37。
28 同前註，頁38。

（其海岸線某處正好與該線相交）的領土主權。

托迪西亞斯條約對於離歐洲不遠之處的地理發現，其主權的判定規範可謂簡便。然而一旦事涉偏遠且不甚知名之群島，那情況可就複雜得多了。如果我們將那條「龐帝夫線」（Pontiff's line）一路延伸至地球的另外一方，那香料群島毫無疑問就應是落在葡萄牙人的勢力範圍之內，然而十六世紀時的地圖製作卻仍頗不精確，以致西班牙人起而抗辯，只這些島嶼其實是位於其勢力範圍的半球內，換言之，島上財富應歸西班牙國王所有。

不幸的是，當時尚無一人可以斬釘截鐵地敲定誰是誰非。1524年，西葡兩國代表雙雙同意將該案交由一個調查委員會處理，而委員會雖檢視過無數地圖與海圖，最終仍無共識。這項爭議此後又延續了5年，才在西王查理接受以35萬金達卡的鉅額代價，放棄其對香料群島的權利主張後落幕。」[29]

貳、英國的崛起與挑戰

歐洲畢竟是一個消息傳播迅速的地方，西班牙加入東方暴利驚人的香料搶奪戰，開始吸引鄰國具有海權實力的荷蘭及英國的介入。首先的一個衝突點，是英國女王伊莉莎白一世對於遠航船隊的總指揮法蘭西斯·杜雷克爵士（Sir Francis Drake）的香料遠行授權，因為女王與西班牙王室之間的怨仇，航隊得以攻擊並劫掠西班牙的王室與商港。[30]而杜雷克也不負女王之

---

29 同前註，頁39-40。
30 同前註，頁41。

所望，西班牙與葡萄牙都成為被劫掠的受害者，杜雷克從西、葡兩國船隊所劫掠來的財富，非僅香料，還有堆積如山的黃金、白銀、珍珠、及寶石。[31] 接下來杜雷克在英倫海峽上更向為當時世稱「無敵艦隊」的西班牙船隊下手：「……趁西王腓力的巨型『無敵艦隊』於英倫海峽上航行之際，杜雷克下令攻擊，不斷滋擾大搖大擺而來的侵略者。首先他只在每一天針對落單的船艦逐個下手，一直到1588年7月底當『上帝之風吹起時』，才發動全面攻擊。眺望著敵方所受創損，杜雷克事後洋洋得意地宣稱，沒有一位西班牙指揮官『將為其今日的作戰表現感覺特別的欣喜自豪』。這場勝利所帶來的心靈激盪，從此永遠改變了英國的命運。數十年來，深海大洋一直都是西、葡兩國之禁臠，但如今一個必須正視的新興強權已經崛起。」[32] 蘭迪斯在「新國富論」裡，曾如此分析這場海戰，認為當時英國文盲約百分之四，西班牙文盲約百分之四十，兩國未戰便已決定勝負。這也是新教牧師教導他們直接讀聖經，而天主教國家卻不讀聖經，所產生截然不同的後果。

英國大航海時代的開始，應起溯自女王伊莉莎白一世對教皇將整個世界讓西班牙與葡萄牙這兩個天主教強權一分為二的敕令的辯駁：「吾國子民當與西班牙人民一樣，也能夠合法航繞好望角東行，畢竟海、天原是所有人類的共同資產。」[33] 而開啟此一偉大事業的靈魂人物，無疑就是蘭卡斯特：

「經數年之猶豫搖擺後，1591年，倫敦商人終起而回應卡

---

31 同前註，頁44。

32 同前註，頁51。

33 同前註，頁54。

文迪希的建言。他們向伊莉莎白女王徵求在東印度群島從事貿易之許可，並於女王點頭後開始尋找合適的指揮官人選。這一次他們可是認真地檢討了過去的錯誤，最終一致挑選詹姆士‧蘭卡斯特這名曾與西班牙的無敵艦隊英勇作戰過、並且不乏航海經驗之商人。

　　今人對於蘭卡斯特的早年歲月所知有限，他的遺囑透露出他是在1554年或1555年誕生於巴辛斯杜（Basingstoke），並於年逾六十後逝世。以『天生即具文雅氣質』著稱的蘭卡斯特，幼年時就被遣送至葡萄牙，以便學習葡語及貿易方面之事務，但他自己對於在該國所度過的時光，倒只為後人留下極簡短之記錄。『我就是在這些葡萄牙人當中長大，』他後來寫道：『而且是作為一位紳士、一名軍人與一個商人，在他們當中生活。』……隨著西班牙方面勝利，蘭卡斯特只好像個難民似地匆匆遁回英國，在逃竄的過程裡喪失了他所有的財產與金錢，而他對葡萄牙人的豐富理解卻為自身帶來極大助益。1587年，也就是無敵艦隊之役開打的前一年，他就已再度投身貿易界，只不過這一次其商業基地已經轉移至倫敦。

　　蘭卡斯特有一幅流傳至今的油畫，讓我們得以一窺其風采。在排扣緊身上衣及華麗襞襟的盛裝烘托下，他看來就十足是個典型的伊莉莎白時代人物，同時神態僵直嚴肅，一手擱在劍炳、另一手則觸指於地球儀。這幅沈默的伊莉莎白時代傳統肖像，惟有透過蘭卡斯特本人遺留下來的航海日誌與其他文字，才可能還原其真實的性情風貌。正是這些文字才讓我們發現，蘭卡斯特原來是個粗野船長與嚴肅道德家的混合體。這位嚴格講求紀律的奉行者，總是熱心地在船上提倡每日祈禱，並

且禁止任何形式之遊戲。他尤其痛恨粗言穢語，故對那些『褻瀆上帝之名以及任何無益的、污穢之話語』施以嚴厲懲罰，然而其鋼鐵紀律往往卻仍會因溫情的考量而網開一面。譬如當他的船正面臨沈沒危機時，他首先就曾對另一艘船未遵守從其『放棄本船、速行遠離』的命令而大發雷霆，『這些人真是不顧大局。』爲此他陰沈地怒吼。然而當蘭卡斯特後來瞭解到他們之所以仍伴隨在側是出於對他的愛戴時，沒有人終因此事受罰。蘭卡斯特對於下屬所表現出來的敬重也與眾不同：他會盡一切所能拯救病中的孱弱者生命；更能與其他許多船長不同地，用一種眞正感同身受、沈痛卻又無奈的心情，看著他那數十位染病的船員走向死亡。

蘭卡斯特在與西班牙無敵艦隊作戰時所領導的那艘船——愛德華探險號——其實並非一艘戰艦，它不過只是許多共赴英倫海峽戰火的倫敦商船裡的一艘。這艘船後來也似命中注定地，在蘭卡斯特的嫻熟指揮下，成爲1591年至東印度群島的漫長之旅裡頭的三船之一。」[34]

「……與蘭卡斯特的第一趟遠航境遇類似的是，船隊一進入南半球海域，海員們就開始紛紛病倒。沒過多久，『人員多已並得十分孱弱，以至於在某些船上，隨船的商人乃不得不親自接手擺舵，並攀上桅桿捲收頂帆。』然而就在船隊裡其他較小型船之人員都已愈趨衰弱的當兒，蘭卡斯特赤龍號上的隨船紀事員，卻赫然發現赤龍號船員竟然全體都對該疾病免疫。而總指揮官的人馬之所以能較其他船艦的人員來得健康，原因即

---

34 同前註，頁54-56。

在於：『他（蘭卡斯特）在出航時，曾隨帶了一些瓶裝的檸檬汁，並在用餐以前，供給每人每天早上三匙，然後禁食，直到中午以前不讓他們再吃任何東西…總指揮官就是用這種方法醫好不少下屬，使其他人免於遭受該病之侵襲。』……在蘭卡斯特的第一趟遠航裡，隨船編年史家梅伊（Henry May）就曾觀察到一位已經病得極沈重的船員，在吃了盛赫勒拿島上的橘子與檸檬後，竟完全獲得康復。可悲的是，蘭卡斯特的藥方不久即遭人遺忘，一直要到了逾一百七十年後，柯克船長（Captain Cook）才又重新發現了柑橘類水果對抗壞血病的療效。」[35]

　　基督信仰使蘭卡斯特成為那個時期最成功，成本最低的大航海家，為大英帝國在工業革命以後的商品預先建立了世界性通路利益。蘭迪斯在《新國富論》中也予其相當高的評價。他的信仰導致的成功，令人想起後來在阿拉伯中東沙漠中，帶著將近五千名阿拉伯散兵游勇打贏了5萬名土耳其正規軍的勞倫斯。[36]其基督信仰使他具有領導阿拉伯這支具有內部矛盾的雜牌軍的魅力，並帶領他們越過從來無人穿越的高溫沙漠地帶，導致了土耳其正規軍的土崩瓦解，勞倫斯後來並因基督信仰的良知，棄絕了英國在中東取得帝國利益的作法，而維護阿拉伯人在阿拉伯的利益，故有「阿拉伯的勞倫斯」的美譽。

---

35 同前註，頁95-96。

36 耶利米・威爾森（Jeremy Wilson）著，蔡憫生譯，《阿拉伯的勞倫斯》（台北：麥田出版社，1995年）。

第三節 中國與日本的區域性活動

壹、中日互動與日本的對外觀念

位於中國大陸東側的日本與琉球，根據學者的研究，認為日本的族群與台灣有所關連，曹永和在「中國海域交流史上的台灣與日本」[37]一文中認為台灣與日本「既使沒有直接的聯繫，但彼此間有同樣的祖地——江南，因此也被認為彼此間有文化的類緣性」；而且「在日本文化史上的彌生時代，日本人則被認為是中國東南沿海百越族別支的倭人，主要是從江南經朝鮮渡海到日本。」[38]而所謂的百越族，則是指越王句踐的後人，分佈於中國東南沿海地區，包括了揚越、東越、閩越、南越等地族群。

日本與中國的接觸與交流，最早可以溯自秦朝，[39]東漢日本亦入使中國，[40]到魏晉南北朝時之南朝，亦與當時東方的日

---

37 曹永和著，《台灣早期歷史研究續集》。

38 同前註，頁9

39 湯錦台著，《閩南人的海上世紀》，頁40。黃龍二年（公元203年），「（孫權）遣將軍衛溫、諸葛直將甲士萬人浮海求夷州及亶（音「膽」）州，亶州在海中，長老傳言秦始皇遣方士徐福將童男童女數千人入海，求蓬萊神山及仙藥，止此州不還。世相承有數萬家，其上人民，時有至會稽貨布。……（亶州）所在絕遠，卒不可得至，但得夷州數千人還。」這裡所說的亶州大概是指今日的日本，夷州可能就是今天的台灣或琉球。

本有頻繁的往來。[41]以大化革新時代的遣唐使的政治文化交流最爲明顯。[42]而當時到中國吸收中國文化的日本留學生，則有兩種，「一是有志研究中國學術的留學生，一是以研究佛教爲目的的留學僧。[43]日本作家井上靖在1958年出版的《天平之甍》書中。[44]即記載唐朝揚州龍興寺和尚鑑眞應日僧之請，經四次渡海不成的波折，堅忍過日弘法的故事。鑑眞和尚在日弘揚佛教之學，並在日本奈良東大寺建戒壇院，使東大寺成爲日本佛教界的重心以迄於今[45]。這個故事後來在日本還被拍成電影而廣爲人知。其中留學僧與鑑眞四遇海上波折不屈不撓堅持護法弘法的情節，相當感人。

中國到了元朝的時代，以武力對外擴張版圖，高麗首先入朝納貢，到1247年10月，「以戰船九百艘，自高麗南部合浦（馬山浦）出船發兵，進攻日本的對馬、壹岐及九州的肥前松浦，再發兵筑前（福岡縣），日本迎戰，元軍攻勢凌屬，日本潰不成軍，退回水城，但當晚強烈颱風驟至，元朝及高麗聯軍損失慘重，不得不退回合浦，此即爲文永之役（甲戌之役）。

---

40 湯錦台著，《閩南人的海上世紀》，頁40。最早東漢光武年間（公元57年），日本就已經派遣使臣到中國。

41 曹永和著，《中國海洋史論集》，頁26。北朝的對外交通是以陸路爲主，西域是主要貿易對象；南朝的對外重心則在海路，與當時東方的高句麗、百濟、日本都有頻繁的往來，南海諸國也年年來到廣州。

42 曹永和著，《台灣早期歷史研究續集》，頁11。

43 李永熾著，《日本史》（台北：水牛出版社，1991年），頁41。

44 井上靖著，謝淑民譯，《天平之甍》（台北：牧童出版社，1993年）。

45 李永熾著，前引書，頁42。

當時的日本幕府料想元軍必將再來，故於九州北岸構築石壘，以阻止登陸，並加強水軍，以便在海上迎擊。[46]果然，元軍雖敗，又於1279年（弘安二年）滅南宋後，又在1271年5月，以東南兩路夾擊的方式再度進攻日本，東路軍由高麗合浦出發，循前次發兵路線進擊，於6月上旬入博多灣，再佔領志賀島，日軍激烈抵抗，至7月27日，東路軍與宋朝水師擅長水戰的降將范文虎所率，自寧波發兵之南路軍會師合攻博多灣，日軍無法抵擋東、南兩路合擊的強大攻勢敗象漸露，但7月29日午夜至次閏七月朔日又再爆發強烈颱風，元朝與高麗聯軍死傷慘重，生存者僅二成，於是攻日行動至此瓦解告敗。此役史稱弘安之役（辛巳之役）。」[47]

　　一般歷史學者在論及中國、日本、韓國關係時，大部分自豐臣秀吉之對朝鮮、台灣、菲律賓用兵起論，認為日本天生就是性好侵略的國家。但從上述之史實來看，這種觀點即使未能稱之為本末倒置，也難免失之於公平。此後日本之對外征韓與否，一直成為朝廷內閣爭議的焦點，在明治維新之初期，所謂「維新三傑」中之明治建政之兩大功臣，同為薩摩藩臣之西鄉隆盛與大久保利通就為是否征韓問題反目成仇。西鄉並發動「西南戰役」，除撰詩指大久保為「秦檜」之外，[48]還出兵表明要「清君側」——除掉大久保利通。西鄉因叛軍後遭政府軍剿滅身死，次年大久保亦在入皇城朝議途中，遭西鄉餘黨刺

46 鄭樑生著，《日本史—現代化的東方文明國家》（台北：三民書局，2004年），頁77。

47 同前註，頁78。

48 鄭學稼著，《西鄉隆盛》（台北：黎明出版社，1987年），頁97。

死。由日本政府此一內部矛盾來看，所謂日本之侵略性格，實亦未必如外界其他國家所言之簡單刻板。西鄉隆盛當時之所以指大久保為「秦檜」，是認為如不對外攻伐，擴大佔領地，以建立防止中國武力威脅的緩衝區，會危及日本之國家安全，是一種防衛性之戰略行為。而大久保之所以反對，乃是基於戰爭不利於國家財政的觀點。

　　從日本當時發展的歷史來看，日本到唐宋年間仍與中國有極為良好的經貿、文化交流，[49]但元朝興起後形成世界史上最強大的侵略國家，連續88年不斷對外侵略擴張領土，[50]而首度攻日的900艘戰艦為元朝命高麗製造，第二次之兵分東南出海夾擊，實乃元朝與高麗之聯軍，日本幸賴颱風之助，否則必然亡國。現代歷史學者以西鄉隆盛為日本軍國主義始祖，見解有待商榷。但二戰前後，日本軍事內閣之黷武本質，公然刺殺反戰之總理與閣臣，連天皇亦感自危，此種軍國主義之惡質演化，終為日本招來敗亡之慘痛歷史經驗。[51]

---

49 曹永和著，《中國海洋史論集》，頁58。日本與宋的貿易，在日本方面，由於日本政府的財政漸漸困難，因此派遣遣唐使的次數逐漸減少，文宗開成三年（838）為最後一次派遣遣唐使。五十五年後，亦即昭宗乾寧元年（894），雖曾籌備派遣遣唐使，但遭廢止。在此段期間，新羅的海商卻相對地活躍於中日之間。至九世紀，唐的商船直航至日本，於是日本官方的入貢轉而為民間的貿易所代替。五代時，吳越的商人常前往日本貿易，據日本的記載，吳越商人到日本約有十餘次，其中有六次為吳越王錢氏所派遣。到了宋朝，從太平興國三年（978）以來即開始有宋的海商前往日本貿易。有宋一代，宋商到日本貿易，文獻上的記載有百十餘次。

50 柏楊著，前引書，頁1085。

後來日本歷經戰國時代，而中國之元朝，亦面臨帝國崩解危機，否則第三度攻日計畫亦將進行。[52]即使到了明朝，日本對中華帝國的擴張性格仍心有餘悸。日本乃向明朝稱臣納貢，[53]由明朝皇帝賜與「日本國王」的金印及《大統曆》，亦應明朝之邀請配合取締倭寇，[54]雙方因此有良好的貿易關係，日本在此時期有以小事大的自我認知，[55]到了1372年（洪武五年）正月，明太祖朱元璋命令朝臣楊載出使流求，但楊載害怕當時流求（台灣）島上的食人族，避開台灣轉向沖繩，並與沖繩之使臣歸大明國，從此流求（琉球）之名開始指沖繩諸島。[56]沖繩從此開始在中國與日本之間扮演通商貿易的角色，而成就了一度成就十分輝煌的中山王國，國家進入空前的繁榮時期。而當時日本的對外貿易路線，並不只於中國而已，亦遠及東南亞諸國，此時琉球王國變成為十五世紀環中國海域間交流的主角。[57]而琉球得以發展於東海，亦與其入貢明朝維持良好之中

51 亞瑟史勒‧辛格主編，《昭和天皇》（台北：鹿橋出版社）。

52 鄭樑生著，前引書，頁78。

53 曹永和著，《中國海洋史論集》，頁89。成祖即位後，遣使召諭日本，足利義滿遣使入貢。西元一四○八年義滿死後，日本與明的國交再度中斷。宣德八年（1433年）日本又恢復朝貢，直至嘉靖二十八年（1549年）為止，前後共遣使朝貢共12次。明朝規定日本十年一貢，船隻也約定三艘。

54 鄭樑生著，前引書，頁88。

55 同前註，頁89。

56 戴天昭著，李明峻譯，《台灣國際政治史》（台北市：前衛出版社，2002年2月），頁5。

57 曹永和著，《台灣早期歷史研究續集》，頁12。

琉關係為基礎。[58]

　　琉球在日本與大明國之間，扮演著相當微妙的中間角色。日本政治史學者信夫清三郎曾有十分詳細的描述：

　　「琉球曾經是由名叫中山、山南和山北的三山之國鼎立，分別向中華帝國朝貢和互相爭霸，但十五世紀初，由中山王尚巴志實現了統一。琉球一方面仍繼續向中華帝國朝貢，另一方面則以東亞和東南亞為舞台，開始了廣泛的貿易活動。琉球的貿易船隻把硫磺和馬匹從琉球運到東南亞，從東南亞運蘇方（染料）和胡椒，並向中國、朝鮮、日本等地出口，再買進中國的絲綢、瓷器和日本的刀劍、黃金，以從事廣泛的轉口貿易。從這種轉口貿易所得到的鉅額利潤，成為加強中山王尚巴志統一權力的重要財源。琉球的黃金時代從十五世紀末葉至十六世紀初達於頂點，以後遂開始走下坡。貿易下降的原因，是由於倭寇猖獗、葡萄牙的入侵和福建以及廣東的中國商人的活躍等等，琉球在十六世紀後半期，便不得不停止向東南亞開展活動，而把活動範圍縮小為同中國和日本進行貿易。琉球雖然同中國——明朝——結成藩屬關係，但薩摩藩還是要決心征服琉球，1608年，它先與幕府合謀促使琉球入貢，後以琉球不聽從為藉口，於1609年派遣軍隊征服了琉球。德川家康已於1605年把將軍的職務讓給了秀忠，自己作為「大御所」（隱居的將軍）移居駿府（今靜岡市），但仍以其繼續掌握著的權力，將琉球給了薩摩藩。薩摩藩主島津家久帶著被俘的琉球王尚寧，到駿府來謁見德川家康，又同行至江戶謁見了第二代將

---

58 曹永和著，《中國海洋史論集》，頁85-89。

軍秀忠。此後，每當日本的新任將軍繼任職務和琉球王襲封
時，琉球即分別派遣慶賀使和謝恩使前來日本謁見將軍，並成
爲慣例。在琉球的十二萬七千石土地中，薩摩藩把大島、德之
島、鬼界島、沖永良部島和與論島五島計三萬兩千八百石作爲
直轄，雖然琉球並沒有朝貢，但卻以薩摩藩爲宗主國，成了藩
屬。慶賀使和謝恩使的行列，也起了向日本百姓炫耀幕府權威
的作用。琉球雖然成了薩摩藩的藩屬，但對明朝也繼續保持藩
屬關係，這樣就使琉球具有分別對日本和明朝保持藩屬關係的
所謂兩屬關係。德川家康和薩摩藩雖然知道琉球同日本和明朝
有兩屬關係，但並不要求琉球王斷絕與明朝的藩屬關係，相
反，卻要求其繼續向明朝朝貢。要求繼續朝貢的最主要理由，
在於想用琉球作爲日明復交的中間人，並利用琉球的朝貢貿易
來開展日明之間的貿易。爲了不妨礙琉球向明朝朝貢，薩摩藩
想盡量對明朝隱瞞自己與琉球的藩屬關係。薩摩藩在琉球一概
禁止使用日語、日本髮型和服裝，禁止琉球人取日本姓名，除
少數人外禁止日本人進入琉球，禁止非官吏在那裡居住。當外
國人航行到琉球時，日本人必須全部躲避起來。幕府再談到日
本與琉球的關係時，總是掩蓋其宗主與藩屬的關係，而稱之爲
通信的關係，並虛構成爲同朝鮮的關係一樣，好像是對等的。
自琉球藩屬於薩摩藩以來，首次向明朝派遣進貢使是在1613
年。對琉球與薩摩的關係產生懷疑的明朝，還由於財政上的原
因，把琉球的朝貢由過去的兩年一貢改爲十年一貢。減少朝貢
次數，對想要利用琉球朝貢貿易來進行日明貿易的薩摩藩帶來
了不便。薩摩藩便強制琉球於1612年至1622年的十年間，四次
向中國派遣進貢使。特別僅在1614年就派遣了兩次。明朝應琉

球請求，便於1622年允許五年進貢一次，1634年又允許恢復過去兩年一貢作法。每當進貢使出發時，薩摩藩便積極投資。進貢船資本的一半得自薩摩藩。薩摩藩甚至不惜向京都和大阪的商人借款，以此用來進行投資。德川家康努力以琉球為媒介，來達到其同明朝復交的目的。薩摩藩藩主島津家久讓有學問的僧侶文之起草了一封琉球致明朝官吏的信。然而對方似乎沒有收到，德川家康以琉球為媒介而達到其日明復交的希望終究未能實現。於是幕府繼續期待於琉球與明朝發展貿易。」[59]

貳、明代中國的海洋政策

明朝政府在朱元璋的時代厲行海禁政策，嚴令「寸板不許下海」，除了有防止沿海地區殘餘張士誠舊部因靠海上經貿壯大作亂的考量，這是曹永和在《中國海洋史論集》中的學術創見，[60]曹氏並認為這也是明朝海上貿易權的獨佔，[61]包括鄭和下西洋亦是如此：「鄭和下西洋是世界史上一個空前的壯舉，然而一般對其實際的影響卻未加考察，僅是說，自鄭和下西洋後，民間貿易勃然興盛，促進了民間海外活動的發展；或者說，由於鄭和的下西洋，鼓勵了國人向海外拓殖發展，因此認為他是華僑之母。這些都是沒有經過考察歷史事實，而遽下論斷。的確，鄭和下西洋對於歷史上來說是一個空前的豐功偉業，有助於發揚國威及推動官方的海外貿易，但是對於促進國

---

59 信夫清三郎著，周啓乾譯，《日本近代政治史（一）》（台北：桂冠出版社，1990年），頁13-15。

人的海外活動、鼓勵國人海外拓殖成為華僑的發展，卻是不爭
的事實。明廷的海禁政策，自始都是禁止人民下海的。鄭和的
下西洋只是純粹官方的性質，其任務是耀兵異域以誇示中國的
富強，以及柔遠懷服，推動海外各國來朝進貢。所以對國內的
意義而言，是阻害了民間的海外活動，而發展帝室獨佔性的官
方貿易。」[62]

---

60 曹永和著，《中國海洋史論集》，頁163-164。「明太祖把西境強敵陳
　友諒的大漢國討滅後，其次即集中軍力對付十年來的宿敵東吳張士誠。
　至正二十五年冬太祖派徐達等諸將，次第蠶食張士誠的疆土，後攻
　圍十個月，遂於吳元年九月攻下平江，俘執張士誠，張士誠的吳國滅
　亡。隨後，於十月明太祖命令湯和等討方國珍。十二月方國珍降，於是
　蘇浙瀕海之區盡為太祖所有。元末群雄中，張士誠和方國珍與其他紅巾
　軍系統的不同，出身均以販運私鹽為業，元朝曾靠他們通海運，以官爵
　羈縻。張士誠所佔地方是蘇浙富饒之地，為東南產米之區，兼有魚鹽之
　利，兩淮浙之鹽地俱其所掌握。自以前代以來，蠶絲業、棉織業、瓷業
　以及其他工商業發達，人口眾多，最為富庶。明太祖是一位雄猜之王，
　他指向中央集權，君主獨裁專制的傳統農業社會國家之重建確立，是以
　其統治嚴峻。而張士誠則不同，奇人好士，其統治較鬆弛，採取自由的
　重商政策，於是頗多東南人士流寓避亂，依附張士誠，經商貿易。方國
　珍所據為浙東的慶臺溫沿海地方，偏處海隅，靠著豐富的魚鹽資源和控
　制海路交通，割據浙東稱雄。張士誠握有豐富資源以外，張士誠和方國
　珍，其國力相當依靠境內商業資本的形成和其支持。經商販海之利卻是
　他們主要的財政基礎。明太祖討滅張士誠，收服方國珍後，當然要摧毀
　張士誠、方國珍的勢力，接收其富源，並預防其反對勢力的重新結合形
　成。」
61 曹永和著，《台灣早期歷史研究續集》，頁14。
62 曹永和著，《中國海洋史論集》，頁74。

由曹氏此一學術研究可看出，明朝所謂因倭寇而實施海禁，其實只是朱元璋對投誠的方國珍、及敗戰投降的張士誠舊部的猜忌與防堵，對付的目標仍是「中國人」，卻將責任推給「日本人」，這是典型中國人文化的思考模式。至於海上貿易權的獨佔，卻誇大爲宣慰僑胞，宣揚國威，也可作如是觀。蘭迪斯在杭亭頓主編的《爲什麼文化很重要》書中[63]，對於日本與拉丁美洲人的思考方式之異同，有如此的分析：「路易斯（Bernard Lewis）曾說過：人們發覺事情出差錯時，他們可能會問兩個問題。一是我做錯什麼？，另一個問題是誰害我們的？第二個問題令人聯想到陰謀理論與偏執狂。第一個問題則是聯想到：我們要如何做才對？在20世紀後半期，拉丁美洲選擇陰謀理論與偏執狂。在19世紀後半期，日本則思考：我們要如何做才對？」

在此部份，中國人的思考模式與拉丁美洲很相似，所以才能當以拉丁美洲等國爲主的第三世界之龍頭盟主。而追根溯源，最起碼的觀點是，至遲是在明代開始，中國人的思考方式就開始了這種「陰謀論」思考。這是朱元璋及其繼位者釋道儒三教混合體之標準思考模式之流弊。對於沿海的浙、閩、粵靠討海爲生的居民而言，這更是極爲罔顧人民生活的專制壓迫。而朱元璋此一海禁措施，也是目前東南亞各地均有華僑的主要原因。[64] 學者湯錦台更認爲，海禁使沿海居民無以維生乃「這一時期，很多漳州、泉州商民，已經不顧明朝開國以後頒佈的

---

63 杭亭頓（S.P. Huntington）編，《為什麼文化很重要》（台北：聯經出版社，2003年），頁9。

航海禁令，移居蘇門答臘島發展」。

　　但一直被壓抑的海上民間活動，隨著貿易需求的擴大，民間也開始干犯禁令，進行走私貿易。因日本足利幕府中止遣明船貿易，使「倭寇」活動又告死灰復燃。但根據學者研究，其實主體大都是中國人，湯錦台還指出，其中勢力最大的「倭寇」，包括了後來被騙回明朝政府且遭到斬首的王直，[65]還有在日本縱橫於日本與葡萄牙人之間的李旦，和李旦所僱的葡語翻譯，就是後來縱橫台海區域的鄭芝龍，其子鄭成功更是因攻打台灣驅逐據領台灣的荷蘭人而成為民族英雄。[66]而鄭氏王朝民族英雄之歷史地位，最近則在中共主導下有「翻盤」的現象。中共之中央電視台去年播出年度大戲「施琅大將軍」，劇中以鄭氏王朝之叛將施琅為主角，並賦予其降清剿台之行為才是民族之真英雄。[67]這種以統戰台灣為中心思考的戲劇，與施

64 曹永和著，《中國海洋史論集》，頁77。明初的海禁政策之下，民間的海路交通不便，反而致使許多國人在南海各處就地定居下來。譬如，馬歡的《瀛涯勝覽》之爪哇條說，杜板（Tuban）當地差不多以一千多戶住家，由兩個頭目管理，其中多有中國的廣東及漳州人流寓至此；又說從杜板向東行半天就可到達新村，土名為革而昔（Grusse），本是沙灘土地，而中國人到此居住以後救命名為新村，至今其村主仍為廣東人，從各地到此貿易者多，民甚殷富；而從新村向南行二十多里就可以到蘇魯馬益，土名蘇兒把牙（Surabaya），這裡也有村主，住家有一千多戶，而，而其中也有中國人。此外，書中亦提及爪哇有三種人：一種是回回人，是西方各國經商流落到此的；一種是唐人，都是廣東、漳泉等處人竄居此地，而多信奉回伊斯蘭教。

65 湯錦台著，《開拓台灣第一人——鄭芝龍》（台北市：果實出版社，2002年10月1日），頁1。

66 湯錦台著，《閩南人的海上世紀》。

琅向來的歷史忠奸之辯之「台奸」定位嚴重相反，也呈現中台
兩地的文明與文化思考的相反走向。

參、海權時代初期的東亞海域

　　隨著歷史的發展，台灣海峽的國際局面也日益重要，並成
為日本、中國、葡萄牙、西班牙、荷蘭等國經貿勢力角逐的重
點區域。

　　明朝朱元璋的海禁政策，使中國自唐宋元以來的海上的商
貿生機遭到無情扼殺，也使中國沿海的泉州、明州、廣州等商
港的繁榮化為烏有。當時中國沿海各州之繁榮茂盛的商機，以
當時的世界而言都具有國際大商港架勢，這是閩南、廣州一帶
人民的海上經貿能力，與泉州悠遠的港埠歷史背景使然。根據
湯錦台的研究發現，泉州早在558年就與印度洋之間有海上交
通：「作為中國東南沿海的港口，早在南北朝時期，泉州就
有了外國商旅往來的記載。南朝陳武帝永定二年（558）天竺
（印度）僧人真諦在九日山附近的『建造寺』（泉州地區最古
老的佛教寺院，宋朝初年改回原稱「延福寺」）弘揚大乘佛
法，三年後汛小舶，至梁安郡，再裝大舶，欲返西國。梁安就
是當時泉州的稱呼，印度僧侶的往來，說明了到南北朝時期，
泉州已經與印度洋彼岸訪客有了初步的海上聯繫」，在725年
時的廣州已是國際通商巨港，但隨著時間的推進與晉江下游的

---

67 電視劇《施琅大將軍》簡介，http://news3.xinhuanet.com/ent/2006-
　　03/27/content_4349714.htm。

開發，泉州成為通商大港的時機乃告成熟。[68]到971年以後，宋、元兩朝均對海上貿易抽十一稅，先後在廣州、明州（寧波）、杭州、密州（山東膠縣）等地設市舶司，[69]也就是如同現代的海關來管理對外貿易抽稅。湯錦台因此十分感慨地指出：「這麼一個繁盛的貿易局面，卻在短短幾十年內被明朝的統治者打斷了。」而更重要的是：「當然，隨著對外貿易的消沈，宋、元以來製造龐大海船的精湛技術，在鄭和下西洋以後，也就隨風而逝了。」於是中國後來的大災難的禍因自此埋下：「從十五世紀初期鄭和下西洋以後，中國官方的海洋發展幾乎整個停頓了下來，導致後世面對後來居上的西洋人的船堅砲利完全束手無策，遺留了無窮的海防後患。」[70]簡言之，中國後來遭到西方列強的欺凌與瓜分，禍因實肇始於朱元璋時期

68 湯錦台著，《閩南人的海上世紀》，頁63。「隨著中國大宋王朝的建立，東西商業交流的黃金時代也跟著來臨，泉州一躍而為推動中國從海上溝通阿拉伯世界的主要港口之一。」

69 同前註，頁63。「公元九六○年，宋太祖趙匡胤稱帝建立宋朝以後，為了擴充國庫，大力加強海外貿易，按十征一抽稅。太祖開寶四年（971）在廣州重建了市舶司，不久又在杭州設兩浙市舶司，隨後轉移到明州（今寧波），真宗咸平二年（999）再於杭州、明州各設一個市舶司。十、十一世紀之交，泉州的海外貿易地位顯然已大為提昇，並已超越了福州。神宗寧熙五年（1072），有在此設市舶司的打算，下詔尋求設置之法。到哲宗元祐二年（1087）朝廷正式在泉州設置了這一海外貿易管理機構。從此，泉州與廣州、明州、杭州和翌年設置市舶司的密州板橋鎮（今山東膠縣）同樣成為對外貿易的一級港口，奠定了向世界級港口前進的基礎。」

70 湯錦台著，《大航海時代的台灣》（台北：城邦出版，2001年），頁18-20。

的海禁。而從曹永和前述之鄭和下西洋，乃皇室海上貿易權的獨佔的觀點來看，明朝海上貿易的衰亡，略有商業常識的人都可知這是勢所必然。因為從宋元的十一稅，到明朝讓太監獨吞海上貿易利益，二者相較，當然前者商機蓬勃，後者注定非失敗不可。後來興起的葡萄牙、西班牙、荷蘭、英國的西方諸國則分別以特許抽成和公司制，如荷蘭東印度公司，與英國東印度公司，就因為比較合理的資本主義制度而大為昌盛，其中英國更因為是民主最先進的國家，終而成為所謂的「日不落國」，稱霸於全世界。

　　布里辛斯基在他的《大棋盤》裡面，對於中國遭到列強欺凌的歷史經驗充滿同情的口吻，這是一種西方人的自我反省。[71]但對東方的中國人來說，與其經常反省西方人的欺凌，其實也有必要反省的是，中國自元朝以殺戮掠奪為基礎，所建立起來的大帝國，與後來明、清兩朝所造成的中國的衰敗，是否有其歷史文化的關連性因素在其中。蘭迪斯曾分析了葡萄牙與西班牙的掠奪性財富，導致國家衰亡的原因：

　　「首先開始這一場追逐財富遊戲的兩個國家：西班牙與葡萄牙，最後卻以輸家退場。這是經濟史和理論上最大的研究課題之一。所有經濟成長模式都強調資本的必要與力量——資本可以代替勞力，製造信用，緩和錯誤計畫帶來的痛苦，彌補錯誤，給大企業第二個機會，滋潤經濟發展。有了資本以後，其他的東西自會歸位。拜帝國之賜，西班牙和葡萄牙掌握了大筆資本。…尤其西班牙。西班牙的資本型是就是那種純粹的、原

---

71 布里辛斯基（Zbigniew Brzezinski）著，林添貴譯，前引書。

始的、可以花費或投資的金錢。西班牙選擇了花費──購買奢
華品和打仗。打仗是最浪費資源的，只摧毀、不建設，而且像
個無底洞一樣，一旦開始便必須不斷投入，直至資源分配不均
及短缺，導致無情的非理性行為，憑添更多的成本。」[72]

「同樣的道理，新大陸也沒有利用財富購買西班牙的農產
品；西班牙向別人購買食物。正如一名西班牙人快樂地觀察
到，世界原來是圍繞著他們轉的……，只要我們有資本享受這
些東西就成了。唯一證明的就是：所有國家都尋找途徑來到馬
德里，而馬德里是所有殖民地的領袖，因為世界為她服務，而
她不必為任何人服務。』這種愚蠢的論調，今日仍然不時可以
聽到，只不過被包裝在比較競爭力和新古典貿易理論之中而
已。我聽過認真治學之士的說法：美國不需要擔憂與日本的與
額貿易逆差。反正日本是在將大把有用的東西交給美國，而換
回去的只不過是上面印著喬治·華盛頓的紙張。這說法乍聽下
有理，實際上卻充滿謬誤。財富不如工作，沒有財富可以比得
上薪資。1690至1691年摩洛哥駐馬德里大使很早便看出問題所
在：『西班牙國今天擁有所有基督教國家中最大的財富和最多
的收入。但是，他們沉溺於文明所帶來的舒適與奢華，舉國鮮
少有人願意和荷蘭、英國、法國人一樣，跋涉至外國從事貿
易、商業活動。同樣的，這個國家的人自以為高人一等，看不
起其他基督教國家，也看不起從事工藝的中低階級。大部分從
事工藝勞動者，都是湧入西班牙，尋找工作和爆發機會的法國
人。』

---

72 蘭迪斯（David S. Landes）著，汪仲譯，前引書，頁171-172。

需要依賴外力，證明西班牙已經失去動員技術或企業的能力。換句話說，西班牙因爲太有錢，反而變窮了。反而是那些持續性工作的國家，維持學習的機會，並保持良好的習慣，不斷尋找更好、更快的工作方法。西班牙人則沈溺於自我提高身份、追求享樂、創造奢華的小遊戲中。雖然在歐洲各地，紳士總是尊貴的，而從事手工業者則被視爲二流公民，但是這情況在西班牙更爲嚴重，部分原因在於西班牙長年從事征戰，而征戰的國家少有耐心辛苦工作的公民，但也有部分原因在於，西班牙社會長期以來便將需要付出大量而長時間的勞力工作，交給被他們歧視的猶太人和伊斯蘭教少數民族。正如傳記家柏納德茲（Bernaldez）在十五世紀末描述猶太人時所寫的：『……他們全是商人、交易人、佃農；他們受制於貴族與官員，做裁縫、鞋子、帽子、皮帶、編織、絲綢、鐵匠、金匠、賣雜貨、做小生意。他們從事各種專業，但沒有一人擁有土地，也都不在農場上做工，或擔任木匠、泥水匠之類的工作。他們所有人都希望爭取一些簡單的交易，設法尋找只要付出極少，便可以賺取生活費用的工作。』

歐洲經濟重心往北移動，受影響的顯然不只慘痛失敗的西班牙。義大利的古老工業及商業中心，如威尼斯、佛羅倫斯、熱那亞，也因而逐漸淡出。義大利曾站在中世紀商業革命和分工制度的最前線。直到十六世紀義大利不論在提供對北歐或西班牙的銀行服務，或在製造業、商業上，都扮演重要的角色，但是它從來沒能真正抓住開放機會，而有一番作爲，至少義大利的船隻從來就沒有進入印度洋或橫越大西洋。在其他國家競相到海外發展之際，義大利卻十分內向地僅在內海發展。同

時，該國受到社會的舊結構束縛甚深：工會控制了工業，使製造業無法隨社會品味的改變而有所調適。勞工成本居高不下，因爲所有的製造業都集中在城市，而且所用的工人都是已做過多年學徒的男性成人技術工。」[73]

　　而三寶太監鄭和下西洋雖爲歷史之一大盛事，方豪並研究出，鄭和可能曾到過台灣與澎湖。[74]但就後來歷史的發展而言，對台灣並無特別明顯的正面作用。而史家所稱鄭和爲大航海家的說法，迄無鄭和既爲深宮太監如何能成爲一代航海家的歷史相關的證據，因爲其實在鄭和之前，已經有兩名宦官受命於皇帝，出使過南洋一帶區域，不過船隊規模較小較未爲世人所注意而已。[75]

　　大約可以說，鄭和是一個勇於任事且勤奮負責的精明幹才，加上自宋元以來對外的海上經貿，以及與伊斯蘭教阿拉伯商人的文化交流，累積了大航海的知識，而使鄭和在明朝的中國海上事業上，綻放出迴光返照式史所未有的大光芒。從人類歷史的發展來說，葡萄牙人往東方來的航線，以中國人自豪的觀點認爲，因鄭和的貢獻，所以葡萄牙人的航線得以與自東方到中國的航線接軌，使世界得以在西班牙人的西方航線，在穿越中美洲直達菲律賓群島以後，很快的進入全球化時代的初期。但如果以所謂西方列強欺凌中國的觀點來看，則鄭和下西洋的航線，反倒是加快了地球上第一個海盜國家葡萄牙找到中國大門來的速度。中國人自易經而來的「福兮禍所倚，禍兮福

73 同前註，頁172-175。
74 方豪，前引書，頁53-61。
75 湯錦台，《閩南人的海上世紀》，頁106。

所繫」的哲學，大概也可以用來看待鄭和下西洋這一類所謂偉大的事業。

即使以正面而肯定的角度來看鄭和下西洋此一偉大事業，仍可以提出的另一個歷史問題是，何以在明朝的帝王統治之下，滿朝文武百官均無一堪此重任，而必須由深宮太監鄭和出任，這是否反映出，廢止中國古已有之之宰相制度的明朝，在皇帝與各部大臣間，已出現政治斷層的一個徵兆。其實這種以內宦出任「下西洋」這種包括了軍事、外交、經貿、情報特務工作（蒐尋皇室另一可能潛在的競爭者）的作風，反映了明朝自朱元璋稱帝以來，大肆屠殺文臣武將如魏忠賢、胡惟庸、劉伯溫、徐達，以太監製造冤獄和將數以萬計的所謂貪官剝皮恐怖政治，已從最深層的文化建構斲傷了國家民族的生機。明朝以科舉取士的制度，更造成國家社會的八股僵化，內宦之所以受到信任，是因為他們被閹，而未閹的朝臣各自有龐大家族，而家族本身在中國被認為是在官場或社會中可資聚斂的身份，於是中國皇帝就以誅九族或十族（加上友黨為十族）來懲治貪逆。但明朝對貪吏永無休止的殺戮，似乎仍無法禁絕「官不畏死，奈何以死懼之」的貪污行為，[76]後來葡萄牙人東來叩中國大門時，靠的就是中國的貪官公然接受葡萄人的行賄，才得以在澳門取得對中國經貿的一席之地。

---

76 根據中國時報大陸版的報導，這種貪污行為迄今仍是「紅色中國」無法根絕的現象，趙建銘案爆發時，中國的媒體大肆報導，正好美國亦出版《中國的紅色王子們》細數紅色王朝的權貴子弟們數以億計的身價，中國媒體才較為警覺性的不再擴大報導，以免因聯想而造成反作用。而事實上中國目前的貪污所得，仍佔國民總所得的相當比率。

　　在討論葡萄牙與西班牙先後在海上崛起，並成爲近世最具有威脅力量的海盜國家以前，尤其這種海盜國家是正式由教皇以訂定條約的方式認可，各自可以在東西半球劫掠所有海上財富，這些如今看來極爲野蠻殘忍的行爲以前，有一個重點，是不可以忽略掉的——被伊斯蘭教勢力統治了數百年。就如同我們在討論東亞的情勢時，不宜以切割的方式從豐臣秀吉對朝鮮與台灣用兵開始，而應向上追溯其起源至東北亞最激烈的第一場歷史性的大戰役，也就是前述的元朝時中華帝國與高麗帝國的聯軍，總共以九百艘戰艦攻打日本的戰事，再認識到，元與前南宋及高麗的第二戰猛烈的夾擊日本，如果不是因爲元帝國內部分裂的問題，當然會有第三次更爲大規模的攻擊。

　　在曹永和的《中國海洋史論集》中「葡萄牙首先東來」這節中，一開始就有如此的敘述：「……伊比利亞半島，中古時是在伊斯蘭教勢力的統治之下，西班牙和葡萄牙經過數百年的長期戰爭，慢慢地將伊斯蘭教人驅逐至對岸的非洲。」這兩個後來成爲海盜的國家，經過了數百年的戰爭，從伊斯蘭教的統治中掙脫出來以後，其所蓄積或殘存下來的戰爭能量一方面要釋放，另方面則需要補充。要釋放的是其豐沛的對伊斯蘭教鬥爭的戰爭經驗與技術，要補充的則無疑就是戰爭所需，以及平民國家社會所需要的各種經濟資源，這就是曹永和在接下來所說的「葡萄牙和西班牙的海外活動，一方面有這種與伊斯蘭教徒對立的十字軍精神，而另一動機是尋找香料。」此時的十字軍，已非當年兵敗耶路撒冷，成爲薩拉丁手下敗將的十字軍，[77]他們既懂得如何將統治他們的伊斯蘭教政權打垮，自然會有本事打垮將來他們在世界各地遇到的伊斯蘭教勢力——葡萄牙

後來即開始在南亞、東南亞面對伊斯蘭教勢力展開鬥爭而一路勝出。而香料與其他各項掠奪的物資，都是他們不可或缺的經濟資源，香料的昂貴，使他們成為當時最昂貴的經濟資源的代名詞。

肆、歐力東來的文明因素

　　而如果從杭亭頓的文明衝突理論來看，杭氏所論的是現象之可能的一種，而福山所論的民主和平決定論又是另外一種，這兩種理論的辯證關係，有些程度上是邏輯或哲學的一種正反合的關係，或者用中國的易經哲學來解釋的話，就是所謂相剋相生的理論，兩者所觀察的因素中有時間與空間的因素，於是其辯證就顯得分歧不一。但如果回溯到起源，在時間與空間的變項因素消失或固定以後，有些真相與原則就可以得到一些基本的共同點。杭亭頓的理論可簡化為三教衝突論，宗教信仰不是全部，但卻是非常重要的關鍵因素。以亞洲而言，也許有人會認為日本是神道教，印度是印度教，與太平洋來的美國基督教以及某些伊斯蘭教勢力，但事實呈現的其實是可以簡化為耶、儒、回三教的，其中儒教依理論或現實都是朱元璋「三教論」所說的「釋道儒」三教的混合體。

　　所以要討論葡、西東來的文明問題，先討論其與之鬥爭數

---

77 電影《王者天下》（The Kindom of Hoaven）媚儁髠雪埏防煽y述與歷史還原的表現，看薩拉丁瀟灑睿智的表現，就可以遙想先知穆罕默德的當年英姿。

百年的伊斯蘭教，而要討論伊斯蘭教，首先一定要從討論先知穆罕默德。英國作家阿姆斯壯（Karen Armstrong）就撰有《穆罕默德：先知的傳記》，[78]她曾是一名天主教修女，他抱著慈悲和與人為善的精神來寫這本書，由於專注於穆罕默德一身行誼，因此後來就比薩伊德的《東方三部曲》[79]要更為清晰明白。作者將穆罕默德定位為「先知」，書中並且引述了一位穆罕默德與一位猶太教少年套交情的對話，他向這名少年說他跟奉上帝旨意去尼尼微傳達上帝要尼尼微人悔改得救消息的先知約拿一樣，是一個先知。而伊斯蘭教徒所稱的「阿拉」其實就是「the GOD」。這樣的觀點與聖經中所說，亞伯拉罕與婢女夏甲生了以實馬利，而以實馬利人，也就是後來的阿拉伯人的通稱，其實與猶太人都是同一個始祖和亞伯拉罕的是一致的，就好像現在的華人，追根究源都是「炎黃子孫」的說法是類似的。

　　阿姆斯壯並且指出阿拉伯文化，也就是伊斯蘭教文化中，有一個很重要文化因素，就是「姆魯瓦」（muyuwah）：「……為防止部族太過擴張無法管理，大小團隊都不斷重組。對「族群」乃至所有的盟邦而言，絕對的忠誠是必要的，為有集結團隊之力，一個人的生存才保障。如此一來，他們便無法擁有我們所謂的個體自主性，也沒有伴隨自主性而來的權利與義務，凡是都必須以團體的利益為依歸。為了培養共同體的意

---

78 Karen Armstrong著，王瓊淑譯，《穆罕默德——先知的傳記》（台北：究竟出版，2001年）。

79 薩伊德的「東方三部曲」為《遮蔽的伊斯蘭：西方媒體眼中的穆斯林世界》、《東方主義》、《文化與帝國主義》。

識，阿拉伯人發展出名爲姆魯瓦的觀念，西方多半將姆魯瓦譯爲「男人氣概」，但是眞正的意涵卻更爲深沈複雜。姆魯瓦代表在戰場上奮勇殺敵、遇到磨難要忍耐、部族遭遇外侮時要發揮俠義精神、善盡復仇的義務、保護弱者、對抗強者。每個部族都有其引以爲傲的姆魯瓦，阿拉伯人相信姆魯瓦是與生俱來的，爲了保存團體的姆魯瓦，每個成員都應該隨時挺身捍衛夥伴並無條件服從領導；出了部族，義務就不復存在，當時的阿拉伯人並沒有普世自然法則的概念。」[80]

瞭解了這般阿拉伯文化的根源，阿姆斯壯接下來又說：「姆魯瓦發揮了許多宗教上的功能，建立了阿拉伯人的意識型態與願景，讓他們得以在艱苦中找到生活的意義。」既然要行俠仗義，善盡復仇的義務，那不但彎月刀是必須的，而且必須有疏財仗義的本事，開闢經濟財源也是駱駝商人出身的穆罕默德，自小在困苦的環境中長大的立志要完成的偉大事業。也許我們可以從中東杜拜最近很叫座的「七星級」豪華郵輪，來想像當年穆罕默德的經營管理上的驚人表現。伊斯蘭教世界後來在薩拉丁時代所展現出來的戰力，基本上還是伊斯蘭教世界經濟力量的一種展現，每一匹戰場上戰馬奔馳的速度與力量，不但象徵的是戰力，也是經濟力，戰爭力量的根源，永遠跳脫不了經濟力。美金最近與小布希的民調同時貶值，反應的就是這種古已有之的經濟原理。這個原理在中國可以溯至漢武帝的戰馬在北方草原上奔馳作戰的花費，導致漢朝國力的中衰。

就第一次十字軍東征的組成份子來看，覬覦東方伊斯蘭世

---

80 Karen Armstrong著，王瓊淑譯，前引書，頁82。

界所累積起來的財富,其實才是真正原因。以現在眼光來看第一次十字軍東征,甚至還可說這是一場假聖戰之名,所進行的為了經濟利益與犯罪者、無賴、流氓、愚蠢迷信者的追求死亡之旅,是歷史上最荒謬而殘忍的一次戰爭。杜蘭的「世界文明史」是目前可以讀到的最詳盡的文獻與分析:

「十字軍是中古戲劇史上最高潮的一幕,也是歐洲與近東歷史上一件最生動的事件。基督教與伊斯蘭教這兩大信仰,經過數世紀的爭論,最後訴諸人類最後仲裁——戰爭公庭。在為解救人類靈魂及獲取商業利益的兩百年戰爭中,所有中古式的發展,所有基督教世界及商業的擴張,所有宗教信仰的狂熱,所有封建勢力及武士精神,都達到了頂點。十字軍東征第一個直接原因是賽爾柱土耳其人的崛起。世界形勢自行調整,近東由伊斯蘭教徒控制;埃及的法提馬王朝溫和的統治著巴勒斯坦,除了一些例外,基督教各宗派皆享有敬祀的絕大自由。」[81]

由上述的「商業利益」可以看出這次宗教戰爭的嗜利本質,而由伊斯蘭教徒助聖墓教堂之重建中教堂之規模,與其中到處裝飾的黃金可以瞭解到,伊斯蘭教世界當時的經濟力雄厚之一斑。接下來,杜蘭如此敘述十字軍第一次東征之荒謬與嗜利,充滿罪惡本質:

「這些驚人的利益誘因,使群眾紛紛投效十字軍的旗下。所有因犯罪而受刑的人,可得完全的赦免,因為他們可能於戰

---

81 威爾‧杜蘭著,《黑暗時代與十字軍東征》(台北:幼獅出版社,1974年),頁247。

爭中陣亡；農奴獲得允許離開束縛他們的耕地；老百姓可免於
繳稅；負債者亦欣喜可延期償付利息；犯人獲釋，死刑也因教
皇權威之大膽擴張而減爲在巴勒斯坦服終身役，成千的流氓參
加神聖的徒步軍旅。所有厭倦於毫無指望之貧苦生活的人，喜
愛從事勇敢艱險工作的冒險家，期望於東方爲自己開拓新領地
的年輕人，爲其商品尋求新市場的商人，因農奴離去而無人爲
之工作的武士們，因惟恐被譏爲懦弱的膽小者，均與那般富有
宗教熱忱的人一起聯合起來，以奪回基督降生與受死之地。在
戰爭中，宣傳一類的事是常有的，宣染巴勒斯坦基督徒之無
能，伊斯蘭教徒之兇惡，穆罕默德信條之褻瀆；伊斯蘭教徒被
形容爲崇拜穆罕默德之雕像，並有謠傳述及這位先知在癲癇症
發作之後倒下來，活生生地被豬吃掉。也有講到東方的財富及
黑美人等待勇敢男人來帶走他們一類虛構的故事。由於這種種
不同的動機，幾乎無法將這班群眾編組成行動一致的軍隊。許
多時候，女人及孩子們堅持要陪伴她們的丈夫或父親，也許是
有理由的，因爲妓女們不久即應召來服侍戰士們。烏爾班已訂
好在1096年8月爲出發之日期，但急躁的佃農，即第一批新兵
卻不能等待。有一支人數一萬二千人的軍隊（其中只有8人是
騎士），由『隱士』彼得及窮漢華爾德（Waiter the Penniless）
率領在3月由法蘭西出發。」[82]

　　預定8月出發的一群烏合之眾，荒謬的在3月發兵，其結果
當然很清楚：「……許多行軍者低估了距離；他們沿萊茵河及
多瑙河前進，每到一地，孩子們不耐煩地問道，這不是耶路撒

---

82 同前註，頁252。

冷嗎？當攜帶的錢用罄時，他們開始挨餓，只好沿路搶劫田野
及房舍；不久他們除劫奪外還奸污。人們激烈地抵抗；一些城
市關起大門抵擋他們，其他人則祝福他們一路平安，快快離
去。他們終於身無分無地鄰近了君士坦丁堡，沿路因飢餓、瘟
疫、麻瘋、熱病及戰爭毀了大部分的人。最後雖受到Alexius
之歡迎，卻仍未能飽食一頓；他們攻入郊區，搶奪教堂、住家
及宮殿。爲了不使這班蝗蟲般的群眾進入都城，Alexius供給
他們船隻越過博斯普魯斯海峽，送給他們生活必需品，並囑咐
他們等候配備精良的支隊到來。不論是否由於飢餓或不耐於靜
候，十字軍對這些告誡未予理睬，而逕往尼西亞。一隻訓練有
素之土耳其軍隊，全爲技術精湛之弓箭手，從城市中向前行
進，幾乎殲滅第一次十字軍之第一師。「窮漢」華爾德死於此
次戰役；『隱士』彼得由於嫌惡他那支不聽駕馭的軍隊，在君
士坦丁堡一役之前即行折返，並平平安安地活到1115年。」[83]

　　既使是由罪犯和流氓、農奴所組成的無紀律的軍隊，但當
其累積到一定的數量，群集於一處時，自然也會產生可怕的戰
爭效果，基督教信仰最卑劣、與惡名昭彰的罪行開始登場——
有許多新教徒，包括目前台灣的眞耶穌教會信徒，否認在十六
世紀以前宗教革命前之天主教徒爲基督徒，與這場罪行不無關
聯。當時天主教的偶像崇拜，在杜蘭本卷的著作前半段即已數
度造成戰爭，政教合一的統治者數次以戰爭欲禁止人民依聖經
勿崇拜偶像，遭到教士與信徒的強烈反彈而使戰爭難以避免，
這也是一直到改教運動之前一個難解的人之悖逆的本質的反

---

83 同前註，頁253。

映。杜蘭如此敘述：

「花了六個月的時間休養生息並重整殘弱的軍隊，他們把軍隊開往耶路撒冷。十字軍經過三年的作戰，人數減少到一萬兩千人，終於在1099年6月7日，他們疲憊而去歡欣地站在耶路撒冷城牆邊，但是一件頗具諷刺性的歷史是：他們所要討伐的土耳其人已在一年前被法提馬王朝所逐出，伊斯蘭教王保證給予前往耶路撒冷朝聖與巡禮的基督徒以安全作為謀和的條件，但是Bohemund和哥弗雷要求無條件投降，法提馬衛戍部隊一千人抵抗40天，於7月15日哥弗雷和唐克列德越過城牆，經歷極大的苦難，十字軍那崇高的目的終於要達成了。然後，具一位目擊當時情況的神父Agiles的雷蒙（Raymond）報導說：『驚人的事，到處可見，許多伊斯蘭教徒被砍頭……其他的人被箭射殺，或被迫從高聳的城堡上跳下；有些人被折磨數天再焚以烈火，街上隨處是成堆的頭、手和腳，有一個人在人、馬的屍堆中騎行。』當時其他的人也詳細記錄：婦女們被刺殺至死，吃奶的嬰孩被拖著腳從母親懷中拉出丟下城牆，或者把他的頸子撞石柱直到斷裂；城中七萬伊斯蘭教徒盡被殺戮，殘存著的猶太人被趕入會堂中活活燒死，勝利者聚集在聖墓教堂，此洞穴他們相信一度曾埋葬釘十字架的基督，在那裡他們相擁喜極而泣，並感謝慈悲的神賜予勝利。」[84]

接下來登場的就是在電影《王者天下》（The Kingdom of Heaven）中的伊斯蘭英雄薩拉丁了，杜蘭如此寫到：

「薩拉丁因見再無敵軍阻撓，進而佔取亞克，釋放四千伊

---

[84] 同前註，頁256-257。

斯蘭教犯人,以此繁華港口的財富賞賜他的軍隊,在短短數個月間幾乎全部巴勒斯坦都在其控制之下。當他逼近耶路撒冷時,公民領袖出來要求和平,他告訴他們:「我相信耶路撒冷是神之家,你們也相信如此;我並不願意圍困他或攻打它。」他提議耶城自築工事,開墾周圍十五哩地,並答應補給不足之財源及食糧,直到五旬節為止;屆時,若他們看見解救此城有望,他們可保衛此城並光榮地抵抗他;若無此希望,那麼他們必須和平投降,他會赦免基督徒的生命和財產。代表們拒絕此建議,說他們絕不改棄這救主為人類捨生之城。圍城只費了十二天的功夫。」[85]

第三次十字軍東征又出現了另一位歷史英雄人物獅心王理查,在凱文科斯那所主演的「羅賓漢」中,由目前致力於蘇格蘭獨立運動的史恩康納萊演出。但歷史事實指出,理查仍非英明睿智的薩拉丁的對手。杜蘭如此評論薩拉丁與獅心王理查,並為薩拉丁的歷史定位有很高的評價:

「薩拉丁的溫和、耐心和公正,擊敗了理查的聰穎、勇氣和戰術;伊斯蘭教領袖們的團結和忠誠,戰勝封建領主們的分歧和背逆;阿拉伯人背後的短程供應比基督徒的遙控海路更為有力,基督徒的美德和缺點在伊斯蘭教蘇丹身上比在基督教國王身上更能彰顯出來,薩拉丁宗教熱忱達到迫害異教徒的程度,苦待聖堂武士和醫院武士到無理的地步。[86]但通常他善待

---

85 同前註,頁264-266。

86 威爾·杜蘭在本卷書前段指聖堂武士和醫院武士,都是假仁慈、謙卑、犧牲奉獻甘於貧窮之名,聚斂驚人財富的卑劣假基督武士,因此遭薩拉丁處死不赦。

弱者，對被俘者有恩慈，對自己的諾言講信義，使得基督徒編年史者懷疑為什麼這樣錯誤的一個宗教（伊斯蘭教）竟會產生如此美好的人士。他死於1193年，享年55歲。」[87]

從杜蘭的描述裡很清楚地可以看出，薩拉丁不但慷慨，而且仁慈，財產中只留一枚金幣，告誡兒子遠離流血，因為凡血灑之處永不得安息，這與舊約聖經創世紀中上帝質問該隱，被他所殺的弟弟亞伯的血向祂控訴的觀念，是一致的。

比較此一時期兩大宗教文明的衝突，顯然崇拜偶像、儀式充滿迷信氣氛，在經濟上聚斂成性的羅馬天主教，顯非一神又無偶像信仰，且肯慷慨付出，善於經商的伊斯蘭教徒的對手，天主教當時雖亦為一神信仰，以十字架之耶穌為神，但後來增加的聖母瑪利亞以及不斷增加的保羅等眾聖徒的雕像，簡直與多神信仰的偶像崇拜之異教徒無異，加上禁止信徒自行讀聖經，只聽憑神父轉述聖經，使信仰無知而迷信的比率相當高。至於經濟上的聚斂，到了教皇公然准予販售贖罪券時，進入了最為嚴重的時期，於是引發了馬丁路德的改教運動，這雖然是神學的爭論，但也是經濟利益德國與教皇對抗的一種現象，馬丁路德曾以這樣的話來表達他對教皇搜刮民眾的利益的看法：「德國不過是教宗的豬，這就是為什麼我們必須為他們提供如此多的燻豬肉和香腸的原因。」[88]

馬丁路德的改教運動不但是神學「因信稱義」使人人皆成為祭司，不必假手主教或神職人員就得以直接與上帝相通的鬥

87 威爾·杜蘭著，幼獅編輯部譯，《世界文明史之十二：黑暗時代與十字軍東征》，頁270-271。
88 莎莉·史特潘泥（Sally Stepanek）著，前引書，頁93。

爭，也包含有地方利益維護的意義，因此他也才能在德王的暗中保護下，保全了他的性命，並且翻譯了可供民眾直接閱讀的德文聖經。而在那個時代翻譯法文、英文、荷文聖經的聖經學者，都遭教皇處以火刑喪生，至於敢於向教皇挑戰神學問題而被燒死的，更是早已存在的事實。比起當時的天主教徒，伊斯蘭教徒的可蘭經促使教徒在生活上有一定程度的自我克制與追求聖潔，有群體部族意識，善於經商、慷慨等優點，所以遠在中國的唐朝時期，就已從印度洋至南亞經南海至中國廣州經商。比較之下，伊斯蘭教在此一時期的活動力，優於天主教，但天主教國家在被壓迫中成長，終於在歐洲的南端的葡萄牙有了突破，並且因為新教徒改革運動的出現，開始展現驚人的商業資本累積能力在世界舞台上脫穎而出。

綜之，從宗教文明衝突的觀點來說，中國至大明時期的海禁政策，就國家發展而言是一種極愚蠢的政策，讓當時崛起的天主教與新教，在與南亞與南太平洋諸國的伊斯蘭教勢力競逐以後逐漸北上侵及中國沿海，引發了後來荷蘭據台、葡萄牙之有澳門、英國最後也進入此一區域，加上世界局勢的演變，終使中國東南海域成為世界列強尋求商業機會的一條海上通道。而後來的歷史所展開以葡、西兩國為開始的「大航海時代」，即「地理大發現」時代，則為西方基督文明累積了可觀財富，而伊斯蘭文明世界則因遊民和什葉派爭奪伊斯蘭教統治權內鬥開始中衰。《世界史綱》的作者威爾斯認為，薩拉丁的去世使

---

89 Herbert George Wells著，梁思成譯，《世界史綱》（台北：水牛出版社，2005年），頁51-95。

伊斯蘭教世界失去了再也沒有出現過的英明雄主，也是伊斯蘭教勢力中衰的原因之一。[89]至「大航海時代」後，即無力與西方抗衡，經由歷史的累積與沉澱，終於在二十世紀末發展出恐怖主義來。

[第四章]

全球化時代

（十九世紀以來）

第一節 美國的崛起及其發展

壹、門羅主義與獨立自主政策

　　進入十九世紀以後，美國從一個大西洋畔的十三州小而落後的三級國家開始成長茁壯。因為國際局勢的演變，法國拿破崙稱帝後，因為不斷對外用兵，其中最主要的作戰對象是當時世界最強盛的英國，於是決定將十三洲西邊面積與北美十三州相當的大路易斯安那州以美金1500萬元賣給美國，使後者的國土面積一夕之間增加了一倍。很多法國政壇人士，包括美國人在內，都認為美國在這筆交易中佔了一個大便宜。十九世紀美國參與獨立戰爭的最後一個開國英雄終於如願登上總統寶座，這就是後來以提出「門羅主義」宣言的總統門羅。考察歷史，「門羅主義」不完全是門羅的主義，當時擔任國務卿的約翰‧昆西‧亞當斯（也就是約翰‧亞當斯的兒子）在當時極有洞見的向門羅提出了兩個觀點，第一個是不願美洲在獨立或各種政治經貿議題上跟著英國跑，另一個觀點是不認為拉丁美洲從西班牙移殖而來的古羅馬舊教（亦即俗稱的羅馬天主教）會使拉丁美洲獨立後的國家成為共和體制。亞當斯的見解後來證明十

分正確。

　　對門羅而言，更好的一個稱呼是「大西部主義者門羅」；這使當時北美十三州及西邊的美國開拓者都很歡迎門羅，因此讓他得以當選並且連任總統8年。門羅對西部的擴張，還包括了後來也當了美國總統的傑克森將軍（Andrew Jackson）對西班牙殖民屬地佛羅里達州的用兵，由於這次用兵的侵略本質十分明顯，總統與將軍都互相推諉不是自己而是對方才是軍事行動的決策者，因爲以清教徒爲主的美國人對於侵略戰爭的道德性問題，使他們在從事這類戰爭時，固然會有國家主義的熱情得到滿足的快樂，但難免會因道德與正義的神聖本質感到心虛，門羅爲了不願後來的歷史家對他有類似不妥的評價，因此宣稱「因爲身體不適，有一年多的時間沒有去拆閱傑克森將軍從西方寫回來的信」，至於傑克森先用兵再與西班牙談判是他給總統的信之主要內容。[1]

貳、美國的東亞政策與中美關係開展

　　門羅與傑克森的這種對侵略戰爭的心虛的，或小帝國主義與清教徒良心混合的心態，反映了當時美國人的西部主義之實相。而這種西部擴張主義之實相，在美國向太平洋地區的東亞延伸時再度出現了。著名的美中關係學者費正清（John Fairbank）曾在他的書中描述說：

---

[1] 維瑟（Wetzel,Charles）著，蔡朝旭譯，《門羅》（台北：鹿橋文化，1992年），頁58。

　　「在美國建國的頭十幾年裡，在鐵路打開了中西部以前，合眾國是大西洋文明西部邊緣的小國，它關於民主的革命學說是要在權利法案和法治所給予的保障範圍內，在貿易、旅遊、改變宗教信仰和一般的自我發展方面，給予個人以最大限度的自由。行政管理以及個別人的政治特權是要受到嚴格限制的，從而所有的人都有更多的機會可以利用。我們早期的貿易主要是通過海路進行的。小詹姆斯・菲爾德（Jame A. Field, Jr.）描述過我們早期的商人是怎樣圍繞英法控制的地區，在地中海東部做生意的。把土耳其鴉片從士麥拿（Smyrna）運到廣州的波士頓商人，是美國向外擴張的三股勢力——商人、海軍軍官和傳教士——之一。這些人起初在地中海的活動比在遠東來得活躍。通常以西班牙荷爾卡島（Majorca）為基地的美國海軍地中海分艦隊，對『北非海盜們』〔Barbary Pirates，指摩洛哥（Moroco）、阿爾及爾（Algier）、突尼斯（Tunis）和的黎波里（Tripoli）當地的統治頭目〕執行了砲艦外交，主要是為了保護那裡的美國商人。我們最早的海外傳教士是在19世紀20年代開始出去的，主要派往地中海東岸地區和鄂圖曼帝國。這樣就逐漸形成了美國向外擴張的一些特點，並在以繼續用之於東亞。

　　首先，我們和英國人是表兄弟，由於英帝國的關係理所當然要受到人們的譴責；但我們也沾了他們設施的光，如馬爾他（Malta）或香港港口，並且還仿效他們的許多作法。當時的倫敦畢竟是世界貿易中心，我們是巴不得參與其中的。第二，我們已經準備要求治外法權。例如，我們參加了土耳其的投降條款，使我們在那裡的僑民可以和歐洲人一樣不受鄂圖曼帝國

法律的約束。第三，我們要求機會均等，從而要求享受最惠國待遇，這樣我們就能夠向英國人和其他帝國主義者表明，在公平待遇下，我們美國人的事業精神和聰明才智是能夠作出什麼樣的成績來的。最後，在與當地民族打交道時，美國的民主主義者總是以我們國內新的民主制感到自豪，總是願意用國家獨立、改革和社會平等之類的主張去幫助當地的反叛者。我們感到我們自己是施予的一方，並有自我陶醉之感。

　　在整個19世紀，我們派出國外的傳教士越來越多，這不過是我們這種整體態度的一項表現。由於英國人已經主宰了印度，我們起初從事傳教活動的主要場所是鄂圖曼帝國。到十九世紀末，隨著鄂圖曼帝國這個『歐洲病夫』的衰亡，我們發現中華帝國這個亞洲病夫是進行傳教工作的主要場所。在近東和遠東的這種傳教活動，顯然僅限於文化方面，是美國國內社會準則的一種表現。它所用的是十七、十八世紀向美洲印第安人進行早期傳教時的方法。皮爾斯・比弗（R. Pierce Beaver）概括說，這些方法『包括首先強調講道，建立教堂，認為傳播福音和傳播文明是一致的，實施普通教育，翻譯聖經和編寫當地的方言文學，招收並培訓當地人做牧師傳道和教師，建立教會駐地，並成立某種程度的基督徒聚居區』。

　　我們在近東和中國的傳教活動，都帶有這些特點。我們橫越太平洋的擴張過程，是以廣州貿易、捕鯨業和西北海岸的皮毛業開始的。當時這些活動都從新英格蘭和中大西洋沿岸各州通過海道進行。但是，當我們在北美大陸往西勘探並定居之後，我們在1840年代，開始把橫過太平洋進行的接觸，看做美國『命定擴張論』的自然延伸。

我們開始對中國採取了在國內業已養成的態度。這就是銳意擴張、冒險進取和孜孜牟利的態度。在這個態度的支配下，個人主義、進步、發達、改善一切等思想成為人生的規律。在上海的美國商人侈談通商對人類的好處，傳教士則大講其怎樣把異教徒從罪孽的狀態中拯救出來。美國向中國的擴張不僅是經濟的宗教的或民族主義的，而且是所有這些擴張性質的總和。

美國的這一活動主要由私人或私營機構進行，美國政府很少扮演帶頭的角色。不像重商主義時代歐洲人所實行的那種擴張，我們並沒有成立股份貿易公司，其中設有武裝船隊和半官方的商業行政人員；我們早期新英格蘭人是作為商業冒險家去遠東的，每次在一艘小船裡載上幾個小夥子和大人。他們把年輕美國特有的人生哲學也帶到遠東去：他們著眼於謀利、創新和發明；關心個人的道德品質和挽救靈魂；幹勁十足和滿懷自信。在美國商人能趕上英國商人之前的幾十年間，美國教會從1830年代伯駕（Peter Parker）在廣州設立著名的眼科醫院開始，在人數和財力上很快就可同英國教會相匹敵。教會贊助者所居住的地區曾是培養我國對華人道主義的苗圃，這種感情有時能影響國策，有時則遭受挫折。美國在非正式大英帝國範圍內的作用。1784年後，我們去廣州的商人已經發現英國是那裡占支配地位的西方國家。

他們一邊利用英國銀行業的方便，一邊繼續譴責英國的帝國主義行徑。『非正式帝國』（informal empire）這個觀念當然只是個不完全的概念，它表明了一個外國能夠控制當地局勢的某些方面而不是全部的那種不徹底性質。然而，英國在東亞

操辦的一套不平等條約體系使外國人成爲同當地統治階級平起平坐的特權階級，當然就具有帝國的一些特徵。這套體系靠外國在當地的海軍兵力和砲艦外交來維持。撬開日本門戶的，是在北非海岸進行砲艦外交而一舉成名的艦隊司令培里，這件事實不過證明了這樣的規律：美國人是非正式大英帝國的小夥伴，但在英國的擴張過程中有時也能起帶頭作用。這個英美關係起初是很不平等的。英國是勢力遍佈全球的更大更強的國家。美國在南北戰爭後忙於發展國內經濟，在對華貿易中只處於極其次要的地位，它在東亞海域的海軍力量也仍然同樣是微小的。因此美國人分享了非正式帝國的收益而不必親身體驗使用武力的費力工作。1922年後使英國海軍繼續在遠東占優勢的英日聯盟結束了，美國在華的影響和活動才開始超過英國。上海工部局（Shanghai Municipal Council）和香港碼頭仍是英國人的禁臠，但1920年代和30年代的12所教會大學主要是美國人辦的，一些大的商業公司如英美煙草公司（British-American Tobacoo Company）則是英美合營的。30年代納粹德國的崛起使人看得很清楚，阻擋日本向華擴張的外援勢必主要來自美國而不是英國，當時美國也成了中國留學生最多的國家，超過日本和歐洲。南京政府的10年是承平時期美國的影響達到頂點的時代，接著在1940年代美國又在中國作出了巨大的軍事努力。力量的對比發生了變化，美國繼承英國的地位成爲活躍於中國的西方國家。」[2]

---

2 費正清著，張理京譯，《美國與中國》（台北：左岸文化，2003年），頁230-236。

　　費正清的觀點充滿了美國人的一種自我反省，可是他忽略了一些客觀的歷史事實，也就是說美國或者是美國人，並非在到了費正清的時代才有這樣的自我反省。事實上到了美墨戰爭的時代，由於其侵略的本質更爲明顯，所以出自於良心的呼聲開始出現；例如出身伊利諾州的政治家，後來成爲美國最偉大總統的林肯，便對美國的侵略本質提出了直率的批判。林肯的美國人的自我批判使他後來的政治生涯不斷遭到挫折，報紙經常以搬石頭砸腳來形容他對美國人自我批判的效果，每次選舉的無情挫敗都在提醒他，自我批判的對象如果是國家或國民意志的話，不但不是免費，而且代價是相當昂貴的。但林肯的自我形象定位（扮演一種良心角色）終究爲他贏得了美國總統大選而這正是他人生悲慘命運的開端；奴隸解放與否的衝突造成了南北分裂，最終以可怕的戰爭來解決，而林肯自己在一家「福特劇院」觀戲時，遭人從後腦開了一槍而喪命。林肯是美國當時選制下相對多數即支持率未過半的弱勢總統，又遭槍殺，美國之國家認同與內部撕裂在那個時代達到最嚴重的程度。林肯解決了華盛頓開國以來一直未解決的問題，到二十世紀末，美國歷史學者評選他爲美國最偉大的總統，華盛頓尚且居次列名第二。

第二節 全球化下的台灣海峽

壹、近代美國與台灣關係的開端

南北戰爭影響到美國在東亞的活動，包括了列強在台灣以及鄰近地區在內。費正清的「美中」關係的此一觀點，台灣留日學者戴天昭的《台灣國際政治史》在提到美國與台灣的關係時，一開始就是以與中國的經略關係揭開序幕的：「美國疆土拓展至太平洋岸係在1840年代以後。美國是依靠鐵路網而得以急速發展，而同一時期日益發達的汽輪，則使歐洲各國能夠實現對非洲和亞洲的侵略。在歐洲列強征服亞洲各國並開始侵略中國之時，疆界已開闢至加利福尼亞的美國，亦於此時開始期望能與中國進行貿易，故而企圖打開經夏威夷到中國的航海路線。」[3]

但費正清的美中關係的觀察，也許因為當時的歷史環境，或者是文明分析的理論與學說尚未發達，例如韋伯的關於新教與資本主義的分析，就如同托克維爾的「民主在美國」，都是在二十世紀的後期才逐漸提昇其地位，使學者對其價值的恆久性有更好與更深的價值觀點出來。費正清對文明觀察的不足，則可以由當時的「羅妹號」（The Rover）事件的過程，來比較當時的美國與清朝之政治文化乃至文明因素的歧異點：

---

3 戴天昭著，李明峻譯，前引書，頁76。

「1867年3月9日，美國船羅妹號在由汕頭駛向牛莊的途中，因遇暴風而飄至台灣南部近海，據推測可能觸撞七星岩一帶礁石而沈沒。船長漢特（J. W. Hunt）夫婦及少數幾名船員轉乘救生艇得免一死。他們幾人克服重重困難，終於在台灣東南部瑯礄的庫阿魯蕃地（即現在恆春平原的一部份）上陸，但卻不幸受到當地原住民的襲擊，除一名清國人之外，船員全部遭到殺害。該名清國人因躲入叢林勉強逃生，他隨後晝伏夜行，克服無數困難，終於到達打狗（高雄），向清國官吏報告被害經過。

該緊急報告立即由台灣府傳到英國領事賈祿（Charles Carroll）處，隨後由他經英國駐北京公使告訴美國公使普安臣（Anson Burlingame）正當美國公使準備進行善後處理交涉時，賈祿領事命停泊港內的英艦『科摩輪』（The Cormorant）開赴遇險地點，搜尋是否另有其他的生存者。3月26日，該艦小艇在剛靠近海岸時，便遭到原住民的攻擊，一名水兵因此負傷。在水兵們落荒逃回本艦之後，該艦立即向原住民進行猛烈的炮擊。然而，此次航行之目的本在搜尋生還者，而非對原住民實施討伐，因此並未準備充分的戰鬥計畫，所以英艦隨即終止炮擊撤離現場。

另一方面，美國駐廈門領事李仙得在同年4月1日從旅居打狗的英商麥格非（Mcphail）處得知此事。他立即拜訪閩浙總督吳棠，並在說明羅妹號事件的同時，提出希望在救助羅妹號遇難者方面，能夠獲得台灣當局的幫助。吳棠當場接受該項請求。4月18日李仙得向福建分巡台澎等處兵備道吳大廷遞交備忘錄，事先通報他將為調查羅妹號事件而進入台灣事宜。他寫

到：『本年3月12日（即陰曆2月7日）美國商船羅妹號於台灣
南部海面觸礁沈沒。船長夫婦及船員3人乘救生艇在距打狗約
一百五十里的南部海岸上陸，但除一名清國人死裡逃生之外，
其餘均遭當地原住民殺害，……現本官接獲該通報並轉告閣
下，望能查明此事件之經過。……另外，本官獲閩浙總督之承
諒，將乘美國駁艦『亞士休洛』號（The Ashuelot）赴台。願
諸事指教。』

　　同月18日，李仙得乘亞士休洛號抵台。翌日，李先得與台
灣兵備道等人進行會談，要求清國出兵蕃地但遭拒絕。在不得
已的情況下，李仙得只能乘亞士休洛號趕赴現場，嘗試與當地
酋長進行直接交涉，但也因遭到襲擊不得不撤回廈門。返回廈
門之後，李仙得向閩浙總督吳棠提出抗議，要求對此追究責
任。然而，吳棠總督反駁道：『吳大廷爲福建分巡台澎等處兵
備道，原住民之地非屬清國版圖，礙難用兵追究責任』，意圖
藉此說法逃避責任。」[4]

　　而從以上的敘述，可得出這樣的認知：首先，由於英美的
關係相當密切，所以賈祿領事才會立即派英艦前往搜尋；其
次，美國領事對於本國人民生命的重視在一百多年前即已相當
明確，尤其李仙得的認眞與執著，可由其後續之行動得到更多
的證明；第三，清朝政府的推諉塞責的心態，雖然當時清國人
未死，但顯然已受到威脅而得以逃命，但清朝政府則對此不聞
不問，這種對本國人民在國境外遇險或遭難視爲「天朝棄民」
的外交文化一直延續到二十世紀末均未有太大的改變。

―――――――――
4 戴天昭著，李明峻譯，前引書，頁94-95。

羅妹號事件接下來則如此發展：

「與此同時，羅妹號事件在傳到香港之後，駐港美國領事阿倫（Issac J Allen）立即將此消息報告美國政府。他指出，台灣對美國日顯其重要意義，如美國佔領該島，將使美國在遠東貿易方面獲得最大的利益，慫恿美國政府領有台灣。對於此點，美國政府雖命令駐華公使蒲安臣調查羅妹號事件，但卻反對佔領台灣。於是，蒲安臣公使親赴清國總理衙門，提請關注羅妹號事件，同時通告貝爾（H. H. Bell）提督統率美國亞洲艦隊赴台調查該事件。同年六月，美國政府命令貝爾提督率美國巡洋艦哈德福（The Hartford）及懷俄明（The Wyoming）號討伐台灣原住民。6月6日，該艦隊到達打狗港"Pioneering in Formosa"，並由的作者必麒麟（W. A. Pickering）擔任通譯和嚮導，於次日停泊於出事現場（羅妹號遇難地點）的海面。6月19日，貝爾提督命令柏爾納上校（G. E. Belknap）和麥肯基上尉（A. S. Mackenzie）指揮181名海軍陸戰隊員登陸。但是，由於不熟悉險峻的山道和複雜的地理，美國遠征隊突遭原住民伏擊，被迫只得敗退而歸。麥肯基上尉在此次遇襲中戰死。

接到該事件的報告之後，美國政府憤慨地命令貝爾提督：『為該島（台灣）的永久安全以及防止近海的危險，除將沿岸原住民驅入內地或讓有力盟國佔領台灣之外，已無其他良策。』亦即，美國此時提出可讓英國政府佔領台灣的強硬政策。

李仙得領事遵從美國政府之命令前往北京，與美國公使一同向清國政府提出強烈抗議，並威脅道：『如清國政府不承擔羅妹號事件的責任，則無妨讓英國人佔領台灣。』

　　接到此一抗議的清國政府，由於懼怕事態擴大，便接受上述要求，責令閩浙總督及台灣道台調查該事件和征伐原住民。同年9月，台灣道台張啓煊遵照清國政府之指示，告訴李仙得領事説：『清檄派高官妥籌究辦，不需遠客勞兵，若欲觀察查辦事宜，請乘本國輪船莅臨。』1867年9月4日，李仙得乘坐閩浙總督所屬汽船『志願者』（The Volunteer）到達台灣府。他在接受清國當地官員的歡迎之後，並立即説明他此次參加遠征的目的在於監督清國是否履行承諾。這種説明實在令當地清國官員十分尷尬。正如大衛森（James W. Davidson）所指出：『台灣在駐的清國官員考慮勞師動眾時將影響其荷包，因此企圖巧妙地迴避本國長官命令，利用天高皇帝遠而採取喜劇般的手段加以敷衍，在無人證的情況下，砍下兩、三個原住民頭顱送往福州，輕而易舉地獲得廉價的大團圓結局。』但此次由於令人討厭的證人要求同行，以致難以如願。當然，清國方面曾試圖以種種藉口阻止李仙得同行，但均歸於失敗。」[5]

貳、相關文明問題分析

　　由李仙得與清朝官吏的任事態度來比較美中兩國之政治文化，應當可以適度補足費正清的美中關係觀點之不足。接下來：「……9月10日，李仙得與劉明燈總兵、南路海防間理蕃王柳莊一同率500名士兵向瑯礄灣進發。翌日到達埤頭（Pithan）後，劉總兵以軍費尚未調撥完成爲藉口，將出發時

---

5 同前註，頁96-97。

日延遲三日。14日再次出發到達恨崆（Long Kong），15日半夜終抵達台灣西岸平原的邊端——枋寮，由此再向前便進入崇山峻嶺的原住民居住的區域——牡丹社。由這裡向南進發只有兩種方法可供選擇：或是開闢山路，或是利用海路。但這段海路暗礁林立，常有船舶在此遇險，因此李仙得建議開闢山路。總兵劉明燈對此表示同意，乃命令士兵開山築路。……9月23日，終於到達目的地瑯礄。瑯礄乃是清國政府所管轄的最邊陲地區。劉總兵令士兵在此安營紮寨。」[6]

就國際政治的觀點來說，清國政府紮營的地點顯示出來的意義是，所謂清朝或中國對台灣的主權應當是不完整的。因此才有後續的雙方簽訂和平契約的發展，而在此一發展過程以下的敘述中，清朝居民對於清朝官兵的「驚恐」因素也是觀察中國政治文化的一個重點：

「此時，與原住民有著共同利害關係的瑯礄居民對清軍的進駐感到十分驚恐。因為一旦戰爭爆發，他們便會成為被壓迫以及物資徵收對象，如不順應清軍的要求，不但婦女會遭凌辱，甚至性命都將難保。同時，如果清軍被原住民擊敗，則當地居民會因曾與清軍合作而遭原住民報復。結果，無論戰爭是勝是敗，其自身必將遭到損害。因此，他們呼籲雙方進行和平交涉。

與此同時，在羅妹號事件發生之後，當地原住民間也陸續發生許多不利的狀況。例如，由於貝爾提督的遠征，使當地原住民犧牲頗眾。在此期間，農作物無法收穫，家畜亦大量病

---

6 同前註，頁97。

死。此外，部族間的戰爭造成大量傷亡，海上捕魚亦遭水蛇危害。這一連串不幸事件的發生，使相當迷信的原住民認爲，此乃白人咒語所造成之結果，因此與白人進行戰鬥的意志日益降低。於是，他們聽從瑯礄居民的勸告，希望進行和平交涉。就此，他們約定若雙方能不動干戈，則將來不僅不再加害漂流而至的白人船難者，甚至願意盡力給予救助。

與此同時，駐紮瑯礄周邊的劉領兵及其士兵，也懼怕與原住民交戰。他們本來就無意到此遙遠的蕃地作戰，其所以會兵臨瑯礄，與其說是閩浙總督的命令，倒不如說是由於李仙得的強迫。他們只對原住民進行虛張聲勢的武力示威，而原住民也對他們的作戰能力採取輕蔑的態度。李先得見此情形，認爲即使訴諸武力亦難有勝算，因而決定採取外交手段收拾局面。於是，在與劉總兵進行交涉時，要求清國方面履行下列條款：（1）由於原住民的懊悔和爲取得將來的保證，認可其會見卓杞篤（Tooke tok）以下十八族頭目。（2）保證在瑯礄至多斯邦（To-su-pong）間的中國人以及熟蕃的恭順。（3）要求原住民賠償必麒麟爲受領漢特夫人遺骨所受之損害。同時，盡力取回尚留在原住民手中的漢特船長遺物。（4）在保證其係清國保護地的條件下，在本島南灣新築堡壘和觀測台。

雖然劉總兵口頭允諾上述要求，但深知清國官員權謀術策的李仙得，要求上述各項形諸文字並簽名具結。結果，清國果然以種種藉口迴避此項要求。於是，李仙得對其警告道，清國方面如不將此作成有效文書，則迄今爲止得來不易之交涉成果將會付諸流水。清國方面只得萬般無奈地表示同意。

於是，經瑯礄居民的斡旋，尤其是李仙得的通譯必麒麟的

努力，雙方於10月10日在距東海岸約四英哩的舊火山地帶（即蕃地的中央地區），由李仙得和十八族酋長卓杞篤進行會談。……在李仙得和十八蕃族大酋長卓杞篤締結前述條約之後，清國也派代表前來要求比照辦理，但遭卓杞篤嚴詞拒絕。事後，李仙得字『關於生蕃事務處理之日本政府意見備忘錄』之第一號文件中，就此事記載如下：李仙得領事與土蕃酋長卓杞篤締結條約之後，中國方面也要求對中國人給予白人同等的保護，但卓杞篤派遣他的兩個女兒為使者，向清國表示絕不和詐欺萬端、不守信約之中國人締結條約，誓與中國人血戰至最後一人。」[7]

在以上這段敘述中，特別值得重視的，就是當時的原住民酋長對於美國領事李仙得與清國政府兩種截然相反的觀點，其實是相當敏銳的。這種兩國政治文化與文明特質的不同，其實至今仍無太大的改變。

---

[7] 同前註，頁99-100。

第三節 美國的單邊主義及其影響

壹、美國的宗教觀與世界政策

進入全球化的時代，美國單邊主義也引來了許多批判，曾經撰寫過《全球經濟新霸主》的克萊德・普雷斯托維茲（Clyde Prestowitz）則以世界經濟發展的態勢認為，中國及印度將是全球化時代來臨以後，最可能崛起於亞洲並且具有全球性影響力的兩個大國家。[8]普氏分析認為，走開放路線的鄧小平可以稱之為「現代中國之父」，[9]經濟的開放促進了中國沿海的工商發展。至於印度則某種程度上是受惠於英帝國主義的遺產——英語、[10]民主制度，因為網路時代的來臨，印度有部份區域與美國大企業接軌，成為這些大企業的「夜間部門」，繼續維持美國跨國企業運轉，而且成本極為低廉。

在新作《美國遊戲》裡面，普氏特別強調他的「保守派、

---

8 Clyde Prestowitz著，陳俐雯譯，《全球經濟新霸主》（台北：智商文化，2006年），頁43-44。

9 同前註，頁53。

10 同前註，頁137。「到了2010年，印度可望超越美國，成為全世界英語人口最多的國家，其中高達五千萬至七千五百萬人（相當於一個歐洲大國的總人口），都受過良好的教育。另外，更有高達二千萬散居在美國、歐洲和其他地區的印度人，位居全球商業、醫學和科技領域中的頂尖地位。」

基督徒、死硬派共和黨人」的身分[11]，因此他對於現任布希總統的批判，保持相當的理性、客觀與冷靜。也許是受到「文明衝突理論」的影響，他在這本新作中將美國帝國主義的根源，追溯的舊約聖經之中的「天命與應許」，自命為「現代的以色列」：

「美國人打從一開始是就自為國際正常趨勢中的例外。他們建立古往今來第一個共和國，把它當作是嶄新人類史的開端。正因如此，它不能仰賴或採行舊歷史中人的方式來劃地自限。同時，美國人確信自己是全人類的燈塔，進而自認是本章題詞中所說的『特殊的被揀選的子民，是現代以色列』。美國人既是被揀選的子民，美國就是『應許之地』了。『天命說』（Manifest Destiny，自顯的命運）是美國人必須創造一個貫通兩洋的大陸國家的說詞，到了1885年，這種理論成為事實。當然，這個事實是犧牲墨西哥（在美國所挑起的戰爭中喪失一半的領土）和幾乎滅絕的北美原住民的結果。這個事實包裹在傑克遜總統所謂『擴大自由地區』的說詞裡，當時並沒有引起太大注意。」[12]

接下來，普氏提到了威爾遜總統的基督新教信仰，他並且認為小布希也是延續了此一傳統：

「……這也標示著美國外政策原則。美國的十九世紀戰爭（南北戰爭除外）雖然大部分為了領土擴張、保護商路或保護

---

11 Clyde Prestowitz著，杜默譯，《美國遊戲》（台北：大塊文化，2004年），頁11。

12 同前註，頁39。

模糊的『榮譽』觀念，但這些『偉大戰爭』的動機卻是比較理
想主義的，威爾遜高尚的長老宗主義（Presbyterianism），不
容許美國純爲物質利益去打仗。戰爭必須是要『證明世界生活
的和平與正義原則』，以及『讓世界終獲自由』。各位若覺得
這話好像是布希總統的口氣，那麼你說對了。理想主義就此永
遠地進入美國外交政策裡。

　　威爾遜理想主義因著他所屬意的『國際聯盟』未獲參院批
准而告失敗。美國在一種不時重現的情境中，設想並向世界推
銷某計畫和機制，最後自己又把它否決。領導參院否決『國際
聯盟』的博拉（William Borah）和羅吉（Henry Cabot Lodge）
參議員，爲後世留下孤立主義者之名，羅吉實際上一直很熱心
支持帝國主義。他們其實是單邊主義者，小心翼翼地維護美國
主權、確信美國德性超人一等、懷疑他國的動機和可信度。他
們認爲美國最好是跟以前一樣自行其是。」[13]

　　關於理想主義與帝國主義和長老宗主義等問題，應當從
十六世紀歐洲由馬丁路德與卡爾文所發起的宗教改革來了解。
新教的改教運動，長老宗即卡爾文所創清（新）教徒之宗派。
但不管路德或卡爾文，他們在改教運動上所扮演的角色極度相
似，卡爾文約晚路德20年出生，路德首度挑戰教皇的「九十五
個命題」，公開張貼於威丁堡修道院大門以後，[14] 奉教皇指
示，冒著可能被押往羅馬處刑的危險出席萊比錫神學辯論會
時，因他本人是神學博士，同行的尚有多名較年輕，在主場支

---

13 同前註，頁198。
14 羅倫培登（Roland Bainton）著，前引書，頁76。

持他的神學教授以外，尚有「二百名神學生，攜帶著戰斧以防衛路德免遭不測。」[15]

　　而卡爾文的清（新）教徒教會後來在瑞士日內瓦，以首見的民主選舉方式組成時，同時也以民主方式統治教會轄區；當擁有甲兵20萬的教皇以聖諭命令卡爾文必須解散，否則將派兵前往鎮壓時，卡爾文在回覆教皇時清楚表示，日內瓦教會與該市的一萬多名「斧頭兵」正在恭候教皇及其軍隊前往。在後來的衝突中，日內瓦由於同盟邦伯恩及法國的協助而贏得了勝利。[16]當時瑞士的斧頭兵向來以作戰勇猛著稱，而所謂教皇的20萬部隊其實歷經多年的黑暗時代，已腐敗弱化其戰力到了相當嚴重的地步，而瑞士易守難攻的地勢，後來到二戰希特勒的時代，也只能繞道而行。瑞士人民勇猛好戰的性格，是其後來成為歐洲永遠中立和平國的原因，而並非因其原本愛好和平。有了前述的認知，或許可以了解到普雷斯托維茲對於托克維爾的《民主在美國》中所描述的美國人的另類觀點：

　　「尤其是，不同的宗教同樣享有自由。儘管有人不做此想，但建國之初就堅持政教分離，卻是確保教會活力與權力的神來之筆。歐洲舊教會與政治糾纏不清，儼然成為貴族和權威政府的同義詞而逐漸消亡時，美國的獨立教會則是欣欣向榮。托克維爾（Charles Henri Maurice Tocqueville）在1830年代就已指出，美國人是最虔誠的民族，時至今日依舊如此，隨便哪個週末都有一半以上的美國人會去做禮拜，相形之下，歐洲大部

---

15 同前註，頁121。

16 帕爾克（T.H.L. Parker）著，王怡方、林鴻信譯，《加爾文傳》（台北市：禮記出版社，2003年4月），頁137。

分國家和加拿大則只有10～20%而已。在這方面來說,美國倒是比較像是穆斯林社會。」[17]

就使用武力捍衛真理的形式而言,普氏的觀點沒有錯,美國的戰斧飛彈與神盾艦,其名稱之來源都與清(新)教徒改教運動拉得上關係,包括美國總統渡假的「大衛營」,其實就是舊約聖經裡的「大衛的帳幕」,是大衛向耶和華上帝禱告使他能贏得每一場戰爭的地方,而事實上上帝也使大衛打贏了每一場戰爭。美國歷代總統的對外戰爭,沒有打贏的大概只有甘迺迪總統與其策士集團「哈佛十人幫」所發動的越戰;令人好奇的是,歷任美國總統中大概也只有甘迺迪不是基督徒,而是天主教徒,上帝不聽天主教徒的禱告嗎?或是甘迺迪所發動的越戰本質上是「不義的戰爭」,因而導致了戰敗的結果。甘迺迪與詹森總統時期的國防部長麥納瑪拉,在他三十年後的回憶錄《戰之罪:麥納瑪拉越戰回顧》裡,就透露出這樣的觀點出來。[18]

普氏所認為美國社會與穆斯林的社會無異的看法,所沒有分辨清楚的地方是,小布希所宣示的是要讓全世界有宗教信仰的自由。而穆斯林好戰份子要捍衛的則是伊斯蘭教以外沒有信仰的自由,包括批評伊斯蘭教的自由,例如伊斯蘭教聲言要追殺英國才封爵的魯西迪。若魯西迪該殺,則《達文西密碼》的

---

17 Clyde Prestowitz著,杜默譯,《美國遊戲》,頁46。

18 麥納瑪拉著,汪仲、李芬芳譯,《戰之罪:麥納瑪拉越戰回顧》(台北:智庫文化,1996年)。

19 丹‧布朗(Dan Brown)著,尤傳俐譯,《達文西密碼》(台北:時報文化,2004年)。

作者，[19]更早的《基督最後的誘惑》的電影導演，[20]嚴重猥褻耶穌基督的神聖性質，豈不均在該由基督教會來通令追殺，這是普氏的一種盲點，也可能是過度專注於經濟商貿利益、與人為善過了頭所產生的盲點。關於《達文西密碼》一書，西方基督教學界總共出版了超過15本著作對其褻瀆基督的部份加以反駁和釐清。這是馬丁路德改教運動發起時的一個核心價值，教會不可將被認定為異端者處死，只能以更多的著作與其論辯、加以駁斥。這也是西方國家保障言論自由的憲法原則根源。

　　因此，在我們看待威爾遜總統的長老宗主義時，必須了解其在卡爾文設立第一個世界之民主教會時，在他的教派為維護耶穌基督的屬靈真理時，在屬世的世俗教會的運作上，則必須有十字架的犧牲精神，以及堅強的軍事武力為後盾的。早在麥金萊總統的時代，麥金萊更有這樣的基督信仰的觀點來解釋美國的擴張主義：

　　「麥金萊說道：『我們介入不是為了征服，我們是為全人類才介入。』可是，戰爭一結束，原西班牙殖民地菲律賓落入美國手中的時候，麥金萊在經歷『禱告不安』（以及不管菲律賓人宣布獨立）之後說道：『除了全部接收過來，去教育菲律賓人，讓他們提昇、文明化和基督教化以外，已經沒有我們可以盡力的地方。』」[21]

　　普雷斯托維茲論及威爾遜之長老宗主義，因歷史環境之變

---

[20] 1988年8月，美國環球製片廠發行了一部根據1955年希臘東正教作家卡山札基斯（Nikos Kazantzakis）的小說《基督的最後誘惑》（The Last Temptation of Christ）所拍成的同名電影。

[21] Clyde Prestowitz著，杜默譯，《美國遊戲》，頁40。

化，自然就形成了理想主義的型態，而由其分析，顯然美國的「孤立主義」中也含有自行其是的帝國主義成份在內。在《美國遊戲》中，普雷斯托維茲對布希的否定《京都議定書》，退出反飛彈條約及核武限制組織乃至「全球化福音」的帝國主義傾向都有相當多的批評：

「這一趟下來，我的憂心絲毫未減。美國的海外形象已是越來越醜陋。在亞洲，情況跟以前在歐洲和拉丁美洲一樣，批判乃至擔心美國跟世界各國和自己所宣示的理念扞格不和的情緒日漸高漲。最近美國的種種舉措，諸如退出反彈道飛彈條約、加速開發和部署全國飛彈防禦系統、宣示中國是『戰略競爭對手』，已引起各界新冷戰的疑慮。此外，在很多亞洲人眼中，美國所宣揚的經濟全球化福音，在1997-98年間金融危機時不足為訓。亞洲和拉丁美洲開發中國家大失血，美國避險基金和銀行卻毫髮無傷。有些人甚至逐漸把全球化當作是新型態的帝國主義。我還聽到有人批判美國的單邊主義傾向，在幾乎所有傳統盟邦和友邦都一致批准京都議定書和進用地雷國際條約之際，美國卻悍然否決，可見一斑。」[22]

貳、當前美國對兩岸發展的態度

除此之外，普雷斯托維茲特別選定以色列與台灣，做為他批判布希總統外交單邊主義的兩個重點。就台灣海峽的兩岸情勢方面，普氏對中國這個新興經濟霸主抱著相當肯定的態度。

---

22 同前註，頁8。

他在書中引述了專家的看法，認爲以中國每年5%以上的經濟成長率，到2015年就有條件開始走出專制統治並進行民主化，轉型向民主國家的政治體制。這種估計是很樂觀的，中國學者叢日云對此類經濟發展促進民主自由化的論點，有很深的質疑，在他所著的《在上帝與凱撒之間》書中[23]，並認爲盧梭不但不能被視爲自由主義的旗手，而是極權主義的始作俑者，[24]因此連盧梭之前的霍布斯，也都不能算是自由主義者；他的這種見解，爲馮友蘭在《中國哲學史》中所提到的心性之學即玄學對中國古代學者的心理作用提供了一個現代範例，使人了解中國學者可根據主觀的玄想解釋客觀的歷史現象。玄學其實就是古代中國學者的一種保命哲學，以免因言論觸及現實而惹上殺身之禍，但能否保命，還得看個人的運氣與造化，像「竹林七賢」崇尚清談，仍是有人因此丟了老命。叢日云在著作中，所呈現出來的玄學色彩，只是證明了中國政治體制的專制本質，使學術自由受到了明顯限制。

　　普雷斯托維茲甚至樂觀的以爲中台兩地的首次直航，是台灣趨於向中國統一的經濟力量的磁吸效果；其實這種磁吸效果將導致台灣中南部的失業現象，也是2004年傾統的國民黨候選人連宋落選，而陳水扁勝出的原因。對於過去美國支持蔣家政權的批判，普氏則導入成爲台灣不宜獨立的觀點，略過了台灣歷經了12年李登輝民主化轉型與將近8年的政黨輪替的事實，西方民主價值的深化，更有百分之五十以上的台灣民眾認同台

---

23 叢日云，《在上帝與凱撒之間：基督教二元政治觀與近代自由主義》（台北：左岸文化，2004年），頁18-19。

24 同前註，頁16-17。

灣獨立的體制。但美國顯然也仍在一中的原則下，制止2007年
中陳水扁總統將以台灣名義公民投票加入聯合國的決定。美國
此一表態，執政的民進黨立場未受影響，因為2004年總統大選
與公民投票同時舉行時，美國亦表示反對，但並未改變陳水扁
與執政的民進黨的態度，反而在某種程度上使得陳水扁在大選
中勝出，這是精於選戰的民進黨的勝選策略之一。而2008年國
民黨候選人的初步反應也是對美國不以為然，顯然台灣的總統
大選在進入新的階段中，已經凝聚了更為強勁的民主自決意
識。

　　普雷斯托維茲的《美國遊戲》對此並未有所著墨，可能與
其商務代表較多關切經濟議題有關，他在論及兩次大戰的勝敗
關鍵均以石油能源的供給線來分析，雖未必完全正確，但也有
相當程度的可信度；其中分析第二次大戰的日本戰敗，與由東
北亞至東南亞的石油補給線遭美國潛艦摧毀亦極具見地。此一
石油補給線，目前日本至今仍以生命線視之，但他認為日本自
民黨乃腐敗的美國傀儡的觀點，顯然與彼得杜拉克的觀點相
反，日本乃杜拉克在亞洲最獨鍾的地方。普氏曾是美國商務貿
易談判代表，對日本與中國的分析，顯然採用的是以政治立場
來批判日本，幾乎可以認為他批判的是美日同盟。但對中國，
他的分析卻著重於經濟的發展，而未及於中共的人權及其與中
東伊斯蘭教好戰國家（如伊朗）的準結盟問題，這種雙重批判
基礎，造成了政治與經濟的錯置與混亂。對中國與日本，杜拉
克則有相反的看法，在《杜拉克看亞洲》一書中「現代世界中
的儒教徒」這一節中，他曾寫道：

　　　「假如中國繼續再成長個五年、十年或十五年，我們將可

以預見它未來的模樣。當然,這是一種最樂觀的假設。如果我們可以這麼樂觀地預測中國,那麼2010年的中國將會非常傳統,同時也非常現代。它會像中國過去的歷史一樣,由一小撮官僚所統治。事實上,從我在中國當地的實際觀察中,我一直都認為所謂的共產主義精英,和曾經統治中國數千年的儒教徒沒什麼兩樣。他們就像他們的祖先一樣,完全缺乏實務經驗,甚至輕視實務經驗。他們篤信理論,並且認為關心世俗(例如做生意)是有損顏面的。在中國歷史中,從來沒有出現過經營和管理良好、而可生產民眾想買的優良產品的政府。中國近十年或十五年來的發展,都是源自私人企業;而這些私人企業都絕非由腐敗的官僚所經營或監督的。……假若中國的儒教政府,就和幾千年來的中國王朝一樣繼續無能,海外華人快速組織起來的家族網路將會代替中國政府經營出中國人的經濟榮景。而在中國內部則將維持往常的農村社會;至少在現在開始之後的15年內如此。也許它會是一個有生產力的農村社會,但這個預測也可能太過樂觀。」[25]

　　至於日本,杜拉克的看法是:「也有人認為,日本應該在亞洲扮演領導的角色,引導這個地區的活力,並將之匯集起來。但是我認為,至少在政治領域上日本不該扮演領導角色;而應朝協助經濟發展的方向,以各國的優勢為基礎,促進此一地區的發展。例如,日本可以促進此一區域的橫向專業分工,向亞洲各國廣開日本市場。當然,在以專業領導亞洲時,日本

---

25 彼得‧杜拉克著,鄧嘉玲譯,《杜拉克看亞洲》(台北:天下文化,1998年),頁14-15。

千萬不可重蹈半個世紀以前的覆轍。」[26]

　　杜拉克這種看法，比起普氏來說似乎更爲嚴謹與保守。相
對地，普氏在最終「中國」這一節中，對於中國之批判美國雖
相當認同，但在反問中國是否有更好的政治文化制度與價值
時，中國人則無以爲對，也反映了福山所說的民主政治與自由
經濟仍是可以肯定的做爲一種可信的未來的唯一道路。如果經
杭亭頓的文明衝突理論來看，台灣的民主過程，則台灣基督長
老教會有其不可磨滅的貢獻，在最具意義的民主化衝突事件，
也就是高雄美麗島事件之前，台灣基督長老教會即已在1976年
由總會議會議決了《台灣前途由台灣人民自決》議案，並成爲
長老教會的基本立場，並在多次國會席次改造人公開呼籲信徒
及民眾支持贊成此一決議案的候選人，這也是台灣基督長老教
會圈極屬世的公義原則，是《聖經》中「行公義、好憐憫、存
謙卑的心、與　神同行」[27]的教諭之入世精神的顯現。

---

26 同前註，頁35。

27《聖經》，＜彌迦書＞第六章第八節。

[第五章]

結論

第一節 文明衝突論的再回顧

　　文明衝突理論的概念，其形成的過程乃是因法蘭西斯・福山在其《歷史終結與其最後一人》提出，認爲世界終將結束在民主和平與自由經濟的體制下的觀點。以致衍生出杭亭頓的反向疑問，後者在《文明衝突與世界秩序之重建》中，指出了福山未加入文明或文化之衝突的因素而過於樂觀，杭亭頓的觀點後來在美國對伊拉克戰爭中得到了印證，其中並且歷經了九一一的攻擊。

　　在此一文明衝突現象與理論爭議的過程中，還有薩伊德爲伊斯蘭教辯護的《東方三部曲》。薩伊德尤以「被遮蔽的伊斯蘭」對西方媒體的扭曲妖魔伊斯蘭教而忿忿不平；他的確了解美國媒體之猶太化傾向，因此對美國媒體的批判與攻擊相當切中要害，對於媒體自卡夫卡以來一直到史坦貝克，都沒有好的評價，卡夫卡對媒體的觀點，是：「看報紙，猶如吸煙，人必須花錢去毒害自己。」[1]史坦貝克則認爲：「新聞媒體，有時也是惡棍討生活的地方。」[2]但薩伊德點名2001年諾貝爾文學獎得主奈波爾並等同於西方媒體的批評，則使他的批判很不幸

---

[1] 亞努赫（Gustav Janouch）著，張伯權譯，《卡夫卡的故事》（台北：萬象圖書，1991年）。

的產生文化認同之自我異化錯亂見解。因為奈波爾成長於千里達印度教的家庭，卻在他的半自傳體小說《世間之路》[3]中及系列對於其本身成長的印度教加以無情的自我批判，其思考邏輯展現的是一種深刻的自我剖析與反省，其文學作品在描述的冷靜、犀利、精確的特質，顯然使薩伊德怒氣沖沖的說法自曝其短，在對照的比較上更使薩伊德的觀點在說服力上弱化得非常嚴重。最重要的是薩伊德沒有清楚地指出，既然西方所遮蔽的伊斯蘭是如此遭到扭曲與污名化，但沒有遮蔽的伊斯蘭究竟真相如何，並無法為讀者有精確如奈波爾的描述。使人覺得薩伊德只是聲嘶力竭的在為他的伊斯蘭祖國竭力護短，全無自我反省能力。這也是伊斯蘭文化一個很令人遺憾的現象。

　　這如同拉丁美洲的「依賴理論」般都是某種「陰謀論」的觀點，亦即都是西方已開發國家的罪，「萬方有罪，獨我無罪」的理論基礎在「依賴理論」大師中已有人已突破理論的財經政策，振興了國家的經濟並當選為拉丁美洲國家總統，使「依賴理論」的危害性遭到質疑，事實上只要自己能夠，陰謀

2 約翰・史坦貝克著，蔡梵谷譯，《美國與美國人》（台北：一方出版，2002年）。

3 奈波爾（V.S. Naipaul）著，孟祥森譯，《世間之路》（台北：天下文化，2002年）。該書有如此的簡介：「奈波爾以半自傳的個人經驗為出發，寫出了這本重要的政治小說作品。書中以奈波爾的故鄉千里達及中美洲為主要敘事地點，分別以九個既連貫又各自獨立的頗具個人色彩的故事，將關於殖民地的歷史、種族與政治困境深刻的描摹出來，從中，我們可以清楚體會第三世界的政治與種族、文化之間的衝突。本書使奈波爾在處理文明衝突的議題上，奠立了巨擘的地位，因而贏得了2001年的諾貝爾文學獎桂冠。本書也榮獲 1994年紐約時報年度編輯選書。」

自然無以存有。蘭迪斯並以卡多索爲例，有如下論述：

「多年來，卡多索（Fernando Henrique Cardoso）一直是拉丁美洲依賴學派的主要人物。1960與1970年代，社會學家卡多索針對這個題目，編著二十多本書。有些書成爲標準教科書，許多學子深受其影響。其中最著名的可能是《拉丁美洲的依賴與發展》（Dependency and Development in Latin America）。……1993年，卡多索成爲巴西的財政部長，當時巴西每年的通貨膨脹率是7000％，政府已經對這個金融的麻醉劑上癮，巴西人也自有一套對付的方法（計程車的計程表可以隨著幣值調整，甚至可以看顧客而調整），一些經濟學家還認爲，預期一定會通貨膨脹的狀況，也是一種穩定。巴西人也許可以因此預知通貨膨脹，但是這對巴西的國際信用卻是一大浩劫，而且巴西很需要貸款。巴西也必須跟其他國家貿易來往，尤其是跟富有的資本主義國家，卻又將富國視之爲敵人。所以，卡多索開始改變想法，因此被譽之爲現實主義者。現在已經不再有反殖民主義的熱情，也不再拒絕跟外國來往，更不再談依賴理論。卡多索說，巴西沒有選擇。如果不準備成爲全球經濟的一部份，『就沒有競爭的本錢……這不是外人的要求，而是我們自己必須做的。』兩年後，卡多索當選爲總統，主要是因爲他讓巴西貨幣多年來第一次升值。」[4]

這種對依賴理論的反駁並且延伸到日本的明治維新時期：

「路易斯（Bernard Lewis）曾說過：『人們發覺事情出了差錯時，他們可能會問兩個問題。一是：『我做錯什麼？』另

---

[4] 杭亭頓編，前引書，頁8-9。

一個問題是：『誰害我們的？』第二個問題令人聯想到陰謀理論與偏執狂。第一個問題則是聯想到：『我們要如何做才對？』在20世紀後半期，拉丁美洲選擇陰謀理論與偏執狂。在19世紀後半期，日本則思考：『我們要如何做才對？』」[5]

在福山於杭亭頓的文明衝突論出現以後，即出版《信任》一書來論辯其與杭亭頓觀點之正確性[6]。在《信任》這本書中，福山開始接受了宗教信仰在文化與文明中佔有重要的角色，他並且透露了他對父親福山吉田（一位宗教社會學者）的宗教觀念的排斥性。福山書中有如此述及：「我的父親福山吉田是個宗教社會學家，數年前他將社會科學經典藏書全部傳交給我，過去多年來，我一直很抗拒他的宗教社會學觀點，但是現在我逐漸體會到他的興趣由來。父親讀過這本書的手稿，也提出若干評論，可惜在這本書真正出版之前便與世長辭，我希望他了解到，本書確實反映出他畢生的興趣。」[7]

福山在與杭亭頓進行關於「文明衝突」的論辯時，顯然二者均深化了自己對宗教信仰與文明之連動性關係的認知，所以福山才會由抗拒他父親的宗教社會學觀點，而逐漸體會到其間興趣的由來。至於杭亭頓在福山的《信任》出版以後，在其新著《我們是誰？》中更明確肯定的將美國人的自我定位為「盎格魯新教徒」。

另外，福山與韋伯頗相似的情況是，韋伯是自其每日敬虔

---

5 同前註，頁9。

6 法蘭西斯・福山（Francis Fukuyama）著，李宛蓉譯，《信任》（台北：立緒文化，2004年）。

7 同前註，頁23。

禱告的新基督徒母親身上洞悉了基督信仰與經濟興盛，文明發達之關係，這是基督信仰相當奇特的一個現象：非信者無以了解其中之奧秘。而且兩人顯然皆非俗稱的「新教基督徒」，是那種以「勤奮的工作與思考」來代替禱告的基督徒。寫出《托爾斯泰福音書》的托爾斯泰，寫了諸多福音小說，可是本身並非一般所稱的基督徒，也因猛烈攻擊俄國教會之腐敗，尤其當年沙皇正因患血癌的兒子而求助於類似巫師的教士，以致托爾斯泰的福音書無法全集出版。托翁為二十世紀初最偉大的大文豪，他在《托爾斯泰福音書》對基督信仰有十分推崇的分析：

「我之所以信仰基督教並非藉助於神學或歷史。在五十歲時，我透過自我思考和追問熟識的傑出哲學家，開始探討我是什麼和生命的意義。在得到我是一連串原子偶然的組合、我的生命並無意義和生命本身是邪惡的答案之後，我陷入絕望中，周遭有許多虔誠信徒，他們不受財富腐化，知道生命的意義何在。經過這些思考後，我開始質疑和我身份地位相同的人所做的回答，於是再次嘗試了解基督教到底為那群活出生命意義的人提供了什麼答案，著手研究基督教的教義如何導引人的生命。我開始研究應用層面的基督教，並將這樣的基督教和其教義起源做比較。基督教教義起源於福音書，在福音書中我找到了使人活出生命的靈；但在這純淨的生命之水中，我也發現被摻雜進去的雜質，而它們就是讓我看不清真實純淨之水的禍首。我發現高深的基督教義中摻雜了希伯來思想道德觀及教會的教導，後兩者與前者大相逕庭，叫人無法忍受，因此覺得自己像個拿著一袋垃圾的人，在耗費人心、想盡辦法後，才在這堆垃圾中找到許多無價的珍珠。於是，這個人知道不該責怪自

己從前無法忍受吃土的滋味。不只如此，他也明白其他和他同時致力於收集珍珠、順帶保留這一袋垃圾的人，也跟他一樣是不該被責備的；相反地，他們應該受到尊敬與愛戴。

我原本不認識眞光，認爲生命中沒有絕對的眞理；但當我體認到唯有眞光使人得到生命時，我開始尋找眞光的起源。我在福音書中找到了，儘管教會的註解謬誤重重。當我接近這眞光的源頭時，我因它的耀眼光芒感到目眩，並且得到自己和他人生命意義的答案。我認爲這答案與其他民族尋得的答案是和諧一致的，就我而言，他超越了其他所有的答案。

我只是要尋找生命問題的答案，並不是要提出神學或歷史學上的問題，因此對於耶穌基督究竟是不是神、聖靈從何而來等問題沒有興趣。我認爲我們不需要鑽研某本福音書的寫作年代、作者或某個比喻是否爲耶穌親口所說的，這些都不重要。對我而言，我最關心的是這照亮人類一千八百多年的眞光，它會照亮我的生命，到現在仍繼續照耀；至於怎麼稱呼這道眞光的起源、它是由何組成、何物使之發光，我倒是完全不在意。」[8]

托翁最後在他的「導論」中如此爲基督信仰做結論：

「……如果讀者諸君屬於那一群學識淵博、自小在教會信仰體系中成長、從未質疑過這教導荒謬之處的人，如果你是個有理智、有良知的人（無論你是否推崇基督教教義，或者如古諺『把有寄生蟲的外套燒掉』，認爲基督教只是有害無益的迷

8 托爾斯泰著，白若雪譯，《托爾斯泰福音書》（台北：究竟出版社，2000年），頁21-23。

信），請你好好想想，那些令你震驚、簡直算是迷信的教義並非耶穌的真教導，耶穌不該爲自他的時代以來加在他的教導之上的愚拙詮釋負責；我們只需合乎中道地研究耶穌的教導，單單研究他被遺留下來的眞實言行記載。我要對這樣的讀者說，我這本書將說明基督教不只是高雅與基本的混合體，也不只不是迷信；正好相反地，它正是最足以說服人的形而上學及道德規範的呈現，是最純淨、最完整的生命教義，是人類心智所能觸及之最高層次的光。人類最尊貴的活動，包括政治、科學、詩和哲學，都是從這教義衍生出來的。」[9]

　　就托爾斯泰的觀點，現代社會的民主政治、科學、詩、哲學都是從基督信仰中衍生出來的，以其厭惡俄羅斯教會的立場而言，這可說是對基督教非常崇高的一種評價。

　　再者，福山在《信任》中，對杭亭頓的文明衝突論曾做了如下的反向論述：

　　「在全球秩序範疇下，文化歧異性日益凸顯，程度之劇促使政治學杭亭頓提出主張，直指世界正朝向『文明衝突』的時期邁進，他指稱，在文明衝突的世界裡，人們的主要認同不再是冷戰時期的意識型態，現在他們認同的是文化。依照此邏輯，未來人類的衝突不再是法西斯主義、社會主義、民主主義之間的爭執，而是世界主要文化集團，即西方文化、伊斯蘭教、儒教、日本文化、印度文化等之間的衝突。

　　杭亭頓認爲從現在開始文化差異會越來越顯著，所有社會

9 托爾斯泰著，白若雪譯，《托爾斯泰福音書》（台北市：究竟出版社，2000年7月），頁31。

因為要應付的不只是內部問題，還有相關的外界問題，所以必須更加注重文化議題。這些論點顯然正確無誤；不過杭亭頓的主張有一部份無法令人信服，那就是文化差異必然會引發衝突。事實正好相反，不同文化的互動所產生的棋逢對手意識，反而經常激盪出具有創意的改變，這種文化交互刺激的例子，可說是不勝枚舉。例如1853年美國海軍准將派力（Commodore Perry）的『黑色船隊』抵達日本，日本文化和西方文化首度相逢，為日後日本的明治維新和隨後而來的工業化進程奠下基礎。再看看最近一代的故事，日本所創造的技術如精簡式生產（lean manufacturing，亦即剷除生產過程中的障礙，以加速生產效率的技巧）已經從日本傳到美國，美國企業因此而受惠。究竟不同文化相會時，會導致衝突或彼此的適應與進步？由於環繞國際政治與經濟競爭打轉的議題，越來越和文化息息相關，因此現在正是我們深入了解這些文化差異與其由來的時候。

在現代生活中，文化對國內福利與國際秩序產生最直接影響的層面，也許非經濟莫屬。雖然經濟活動和社會、政治生活糾結難分，但是當代經濟論述卻呈現一種謬誤的趨勢，將經濟視為一種擁有自己的律則、自外於社會其他環節的生活層面。在這樣的觀點之下，經濟淪為個體為了滿足自私的需求和慾望，在退回他們『真實』的社交生活之前，暫時因私利而合作的機制。然而在任何現代化的社會裡，經濟構成了人類社交性最基礎、最有活力的一部份，小自經營洗衣店，大到生產大型積體電路，沒有一項經濟活動是不需要人類社會共同合作的。當人們為了滿足一己需求，而加入組織、為組織工作，這個工

作場所同時也把這些個體從他們私人的生活中拖曳出來，使其與更廣闊的外界社會產生連結。這樣的連結不只是爲了營生餬口，它本身即是人類生活中一個重要的目的，因爲人類雖然在本性上自私自利，但同時人性中也有隸屬於較大社團的群性。如果缺乏一些賴以與他人連結的規範和法則，人們就會感到尖銳的不安（也就是社會學家涂爾幹 Emile Durkheim 所謂的『失序』 anomie，現代工作場所的功能之一，就是緩和並克服人們所感受到的這種不安情緒。

我們在工作場所與他人有所聯繫，因而產生的滿足感，其實是源自於人類追求認同的基本欲望。如同我在《歷史之終結與最後一人》一書所指出的，每一個人都追求自己的尊嚴得到認同，（亦即別人對他的價值給予恰當的評價）。事實上，這種欲望極度深植人心，在整個人類歷史的發展過程中，追求他人認同的欲望一直都是人類行爲的主要驅動力之一。歷史早期，國王卿侯在戰場上與敵人兵戎相向、浴血作戰，表面上爭的是主導權，其實背後的支持力量正是這股追求認同的欲望。到了現代，追求認同的征戰從軍事領域轉移到經濟領域，性質上從摧毀財富變成了創造財富的有利社會活動。經濟活動實際上超出了謀生的層次，人們經常是爲了追求別人認同，而不僅是爲了滿足自然的物質需求而從事經濟活動。就像經濟學家亞當斯密（Adam Smith）所言，基本物質需求有限，要滿足相當容易。工作和金錢其實在表徵身份、地位、尊嚴的重要性上更加顯著，在現實中，不論是創造一個多國媒體霸業，或是被擢升爲工廠領班，基本意義都是一樣的。這樣的認同靠個人絕對無法達成，只有在社會情境下才能夠完成。由此可見，經濟活

動代表了社會生活中極為關鍵的一環，同時也和許多規範、規
則、道德義務和其他習慣交織在一起，形成了社會的樣貌。」
10

---

10 法蘭西斯‧福山（Francis Fukuyama）著，李宛蓉譯，《信任》，頁
6-8。

第二節　東亞的文明衝突現象剖析

　　總之在《信任》與《文明衝突論》的爭辯過程中，以西太平洋亞洲區域爲觀點，最新的情況下是美、日、澳、印四國同盟的態勢逐漸形成，其中即包含了基督（美澳）、神道教（日本）、印度教等不同文明，可見文明衝突論所解釋的國際政治現象仍有難以企及的地方，在這樣的聯盟架構下，不同的文明相融於民主政體，或者如《美國遊戲》的作者普雷斯托維茲所說，是「兩個有麥當勞的國家不會有戰爭」這樣的同盟現象，可以福山的歷史終局理論來加以詮釋。而奈波爾則有這樣的觀點，「甘地的社會概念，確是得自基督教」。[11]奈波爾這種詮釋，是認爲信仰有自我超越的可能，所以將書名定爲《超越信仰》。

　　而即使同樣的文明源頭，也有相斥的現象存在，例如台灣的佛教界就對日本的佛教界相當排斥，早期法鼓山聖嚴到日本留學時，即遭佛教界反對，以日本佛教和尚可娶妻、可吃肉、辦佛事依價目表收費等。日本的佛教是向唐朝取經，且極重戒律，發展成目前的和尚生活方式，就宗教信仰的角度而言，個人有兩種觀點。首先，聖經中新教曾提及：「他日必有邪靈鬼魔的假冒，要禁止嫁娶，並禁戒食物……」日本佛教的改革，

---

11 奈波爾（V. S. Naipaul）著，朱邦賢譯，《超越信仰》（台北：聯經出版社，2003年），頁iii。

符合此一觀點。其次，就人的實際生活而言，日本和尚的生活方式似乎較近於人情與人性。

但日本所謂的神道教，曾經在軍國主義的時代，達成一種極為瘋狂的狀態，以天皇為神，當時在日本提出「天皇機關說」的美濃部達吉甚而因此遭日本軍部的迫害，其子美濃部亮吉於戰後1960年代連任東京都知事多屆，即日本東京都居民對日本軍國主義之反省，而對美濃部氏父子的補償心理所致。以日本一國內部對於擴張性侵略行為，海軍部與陸軍部內即有相當截然不同的觀點，而依筆者個人在立法院的觀察，陸軍出身的國防部長如郝柏村、湯曜明性格均具擴張及壓制他人的性格，而海空軍出身的部長如唐飛、李傑、莊銘耀等人性格較為內斂開明，這是同一個國家內「海權」文明與「陸權」文明的比較，可做為陸權主義國家與海權主義國家不同國家性格之參政與比較。也許可以這樣來做更進一步的分析，就海空軍人員特質，其所需要的聰明智慧與勇氣，以及對生命在海上或高空中的不確定感，多少會使他們捨棄人的自傲，這是「海權」與「陸權」在本質上有所不同的重要因素。

另外，在比較所謂東亞儒教文明區時，以日本和中國來做比較，顯然與兩個不同國家的儒教有不同的發展。日本在幕末時代，由吉田松陰所發起的「王政復古」，其實所依據的基本政治倫理相當有類於中國古代之儒家學說，在日本名作家山岡莊八所著的《吉田松陰》一書中就有關於「王陽明不愧於當世

---

12 山岡莊八著，陳正德譯，《吉田松陰（上）》（台北：萬象圖書，1998年），頁175。

的實踐學者的感嘆」，[12]並致力於恢復社會舊制序，在山岡莊八考據的原始史料中，吉田的「書單」爲：《出師表》（諸葛亮）、《上高宗封事》（胡澹菴）、《爭臣論》（韓愈）、《與韓愈論史書》（柳宗元）、《上范司諫書》（歐陽修）、《與高司諫書》（同上）、《桐葉封弟辯》（柳宗元）、《審勢》、《審敵》（蘇洵）、《送石昌言北使引》（同上）、《策略五》（蘇東坡）、《侍漏院記》（王元之）、《相臣論》（明季魏叔子）、《上宰相第三書》（韓愈）、《至言》（諫賈山）、《拔本塞源論》（王陽明）、《諫官題名記》（司馬光）、《管仲論》（蘇洵）、《岳陽樓記》（范仲淹）等約20篇。[13]吉田氏後來因此遭幕府處以斬刑，但其推動的政治倫理則逐漸轉化「勤王倒幕」、「尊王攘夷」，其最後終能「大政奉還」回歸天皇統治，由天皇帶領國家進行由上而下的政治改革運動，終造成史稱「明治維新」的成功改革，爲人類歷史上少見的革新，連彼得‧杜拉克都引以爲奇。而在他的《下一個社會中》對日本人有如下的觀點：

「雖然有以上說的情形，但你不要低估日本人，他們擁有令人難以置信的能力，能夠在一夜之間，做出一百八十度的轉變，而且由於日本沒有同情心的傳統，這些變化造成的感情創傷十分嚴重。

雖然四百年來，沒有一個歐洲以外的國家，能夠像日本一樣擁有這麼高水準的國際貿易，日本卻能在1637年採取鎖國政策，而且在六個月內完成，其造成的混亂令人難以相信。

---

13 同前註，頁196。

　　1867年，明治維新，日本人重新開放……又是一夜之間完成。

　　1945年顯然是不同的情形，因爲他們剛剛戰敗。

　　大約在十年前美元貶值時，日本人毫不浪費時間，把製造業從日本搬到亞洲其他比較便宜的地方，跟華僑建立夥伴關係，而它在中國大陸的製造業獲得幾乎難以擊敗的領導地位。

　　日本很善於劇烈改變，一旦日本人獲得共識，改變就很快。

　　我猜想，需要一次重大的弊案才能引發改變，銀行倒閉可能足以提供這種動力。到目前爲止，日本人遲遲不願處理脆弱的金融體系，希望問題會自然消失，或逐步解決，但是，隨著時間過去，看來這種事情不可能發生。」[14]

　　日本幕末政治之腐敗，與中國明清末期大致相仿，能有如此驚人的轉變，山岡莊八的觀點是：「當然這和大陸的中華思想是不同性質的。日本人把佛教儒學都消化了，正直的東西全吸收了，經數千年的薰培成爲民族的自信。有了這種自信，後來導致全球矚目的明治時代的大躍進…這是後話。」[15]此改革運動即由日本史稱現代海軍之父的坂本龍馬所促成，勸服了原爲對立的薩摩、長州兩藩鎮，貿易興盛，財政力量雄厚，才能完成倒幕所必須的軍費需要及歷史性政治改造工程。如果以中國近代的歷史改造爲例，則包括中學爲體，西學爲用，「自強

---

14 彼得・杜拉克（Peter F. Drucker）著，劉真如譯，《下一個社會》（台北：商周出版社，2003年），頁179-180。

15 山岡莊八著，陳正德譯，《吉田松陰（下）》（台北：萬象圖書，1998年），頁38。

運動」等都未能有持續性的進步發展，直至蔣中正遷台後，戰後台灣地區人民的勤奮努力，以及民主化所建構成的台灣本土意識已蔚為台灣人民之主流意識，唯目前在全球化的過程中，學界亦有第三波帝國主義的浪潮的說法，台灣是否有必要成為英、華語的雙語國家，以克服全球化的文化障礙，成為地球村的一員，實相當值得重視與研究。

第三節 當前海峽的文明衝突

　　以基督信仰的觀點而言，筆者曾向台灣文學家宋澤萊請益討論，1949年蔣氏國府政權渡海來台，是人類歷史上自摩西帶領以色列人出埃及渡江海以來最大的人民大遷徙，蔣氏及其所率之軍民若能以台灣爲迦南美地則自必當受神所祝福，使台灣的發展具有更大的正面意義。至於台海兩岸目前的統獨爭議，正如本文前述，就經濟觀點來說，統一意識強烈的韓國首府首爾大學，就國家統一問題由行政大學院進行研究。其研究結果已結集成冊出版，書名爲《南北韓統一必亡》，其研究方法即多引用東西德之統一爲例，認爲以西德統一東德所投入年約1500億美元之經濟負荷，實非南韓所能負擔，且北韓長期爲共產主義統治，其人民之生活方式與觀點已難與南韓之人民融合，故有「南北韓統一必亡」的結論。若以此論，則台灣兩岸之統一在可預見之將來乃極不可能之政治發展。加以執政的民主進步黨將在2008年總統大選進行以台灣名義加入聯合國的公民投票，台海情勢又將更爲緊張，且2008年底亦爲美國總統大選年，雖有變數，但以美國國務院之一貫原則，台海的和平與穩定是美國之國家基本利益重點之一，並與日本在台海區域有相當深遠的同盟利益。

　　2007年的美日安保二加二會談，雖未提及台海爲戰略目標，但美國於會後特別強調，台海和平之重要性絕不容忽視，其維持台海和平爲戰略目標亦未改變，而故意未在二加二會談

中提及，是因美日二國於西太平洋區域不斷增加海空軍武力之政治運作，以避免過度刺激中國。事實上，早在2006年胡錦濤訪問美國與布希總統見面時，美國《國防新聞週刊》刊登了美國將領在四月，也就是胡錦濤訪美的期間，群集於夏威夷進行了一項兵棋推演。這項兵棋推演內容爲：由於伊朗攻擊美國船隻，美國因此傾其中東兵力攻擊伊朗，就在這個節骨眼上，中國出兵攻打台灣，於是美國必須分兵進入台海，而此時，拉丁美洲的委內瑞拉，與遠自中國而來的核子潛艦會師攻打美國本土，於是美國請求英國海軍支援，擊沉了委中聯合突襲的潛艦。[16]

這兩則新聞呈現在地緣政治學的義涵來說，可說是馬漢的「海權」與麥金德的「陸權」（歐亞大陸中心論）的衝突，在二十一世紀正在加深的一個顯例。美國《國防新聞週刊》把這次戰爭定位爲搶油大戰，並非憑空想像。中國留美學者徐小杰所著的《新世紀的油氣地緣政治》，說明了中國13億人口的油氣需要壓力正與日俱增。[17]至於高度「發達」（中國用語）的美國更不用說，油氣在那裡，利益就在那裡，而且油氣還是國家戰略安全的一項重要因素。就普雷斯托維茲在《美國遊戲》中的觀點，第一次世界大戰，美國參戰獲勝，是石油資源充足，第二次世界大戰更是如此，普雷斯托維茲如此寫道：

「美國大量供應廉價能源，也把它推上全球領導地位。1913年時美國個人所得是5301美元，已遠遠超過當時的超強大

16 美國《國防新聞週刊》，詳見附錄三。
17 徐小杰，《新世紀的油氣地緣政治》，社會科學文獻出版社出版。

不列顛4921美元,且美國也已成爲鋼鐵和許多關鍵工業產品的
最大生產國。1880年時,愛迪生發明的燈泡逐漸取代油燈,一
度使石油產業驚惶失色,所幸1880年發明『無馬馬車』,而汽
車產業的成長也改變了美國和世界的面貌。到美國投入第一次
世界大戰時,美國國內已經350萬輛汽車上路,至1929年底,
這個數字成長到2300萬輛,美國人擁有的車輛占全球78%。

　　此外,石油的重要性也不僅止於是一種經濟力量。一戰開
始時蒸氣火車把軍隊載到戰場,大砲和補給車靠馬車來拉,四
年後在石油動力的英國坦克軋過德軍戰壕,德軍U型潛艇因柴
油不足而動彈不得之中結束。正如法國石油總會會長所說的,
石油是『勝利之血』,80%來自美國。聯軍致勝關鍵不只是美
軍失之稍晚的參戰,而是早期和持續投入美國石油。

　　若說石油是第一次世界大戰關鍵的一局,那麼它就是二次
大戰中的全局了。1940年日軍再向中國挺進時,美國熱烈討論
是否實施石油禁運,唯恐如此一來反促使日軍進占荷屬東印度
群島控制其油田。日本在1941年7月接收中南半島,終於導致
7月25日實質禁運。從這個觀點來看,偷襲珍珠港和太平洋戰
爭只是遲早問題。日本所以打輸這一仗,全是油輪動不了的關
係。日本油輪一開船就被擊沉,結果使日本艦隊因缺乏燃料而
無用武之地。原子彈容或是最後一擊,但日本戰敗主要還是缺
乏石油所致。

　　歐洲的情況也相同。希特勒所以沒能拿下莫斯科,泰半因
爲他還得分出大部份兵力攻取巴庫油田,整體戰爭才能繼續打
下去。同時,俄羅斯道路狀況不佳,也造成德軍必須使用比原
先預估高出一倍的燃料。希特勒大軍沒攻下巴庫油田,到距莫

斯科城大約二十哩處便油料用罄。

希特勒在『坦克大決戰』（battle the Bulge）中孤注一擲，想把聯軍趕到海上，同樣因爲缺乏燃料而功敗垂成。的確，1943年美英聯手打敗一直在攻擊油輪商隊的德軍北大西洋潛艇艦隊，便注定軸心國失敗的命運。石油源源不斷從美國運來，助聯軍一臂之力。聯軍打這一仗總共耗掉70億桶石油，而其中60億桶是來自美國。」[18]

於是海權與陸權的衝突日增，美國三戰的邏輯建構完成。有人會以中國的「孫子兵法」來看待，認爲美國想「不戰而屈

---

[18] Clyde Prestowitz著，杜默譯，前引書，頁102-104。

[19] 二戰時的美參謀總長，後任杜魯門總統的國務卿，因推動歐洲重建計畫及處理韓戰停戰與中國內戰等和平措施，獲諾貝爾和平獎。在Richard E. Neustadt and Ernest R. May合著的《歷史的教訓》中，他在二戰期間，指示所屬的希爾德寧中將，到軍事佔領區組織軍政府時，對美國軍人的特質，有如此詳細的陳述：「現在，我要託付你一份神聖的任務。我要你主持這個軍事政府與負責這些非軍事業務時，每天、每一小時都要牢記這一點。我國人民有時候會說我們軍人愚笨。我承認我們有時候確是愚笨。有時候國人又說我們使用公款時揮霍無度，說我們亂花錢，毫不知節制。這一點我絕不同意。我們的工作，不能隨時都像生意人管理公司裡的事務一樣。有時候我們依照情況判定必須製造一種坦克車，但製成後才發現這種坦克車並非我們需要的。我們只好廢棄這種坦克，再製造另一種……。不過，即使國人說我們浪費公帑，這仍不是太大的不幸……。但我們擁有一樣非常可貴的資產，那就是我們的人民，我們的同胞信任我們，他們不怕我們。我們的同胞對我們不懷戒心，他們不會以為我們想改變我們的政府或政體。這就是我今天要託付你的神聖任務……。我不希望你傷害到這份國人對職業軍人的好感。我也不准目前正在接受訓練，即將派遣到世界各地的大批軍管人員破壞這份榮譽。」

人之兵」，但有時外國人無法明白美國的軍人性格。其實二戰以後，自馬歇爾以降[19]，也許還可以追溯到華盛頓早年時期，美國的軍人文化與東方截然不同，日本一度因爲軍人文化中的東方主義因素——以軍人的力量威脅政局，而由海權國家[20]，轉爲入侵中國[21]與東南亞的大陸主義國家而得到十分慘痛的結果。與歐亞大陸的西端德國同時淪爲戰敗國，這是陸權主義者最爲悲哀與悽慘的時刻。

目前東方陸權力量以中國最具威脅性，中國雖強調「和平崛起」，但事實如何？最近日本和印度共同要求中國軍事要公開透明化，至於其他亞洲國家除越南以外，幾乎都表態擁護中國的「和平崛起」。日印這類軍事可與中國抗衡國家的質疑，與軍力不對稱的小國的急忙表態，其實反映出來的事實都一樣，中國的軍力是無法稱霸全球，但是在亞洲仍然早晚會是區域霸權。「二十一世紀是中國人的世紀」這句話在中國已經流行好幾十年，中國並且是新興覺醒世界民族主義最集中之所在。[22]

---

20 司馬遼太郎著，《坂本龍馬》。坂本後來被認為是日本海軍之父，因其在「船中八策」中主張日本應建立海軍，及本人又組「海援隊」。坂本是維新志士，維新成功以後，他以酷愛海洋為由，而不入維新內閣，自組海援隊，在海上遨遊，做自己的海上生意，被視為是特立獨行的怪人。

21 在《日中之戰》（前衛出版）這本書中，台獨主義者的日本拓殖大學教授黃文雄認為，是中國大陸不斷的內戰，吸引了日本軍隊進入中國。這種觀點，在某種程度上與傑弗遜「大陸是製造戰爭的工廠，需由海島解決」的觀點相同。

22 布里辛斯基著，前引書，頁 205。

　　所以美國將衝突的引爆點設定在伊朗，不論就「文明衝突」或「利益衝突」（搶油）乃至實際的「區域衝突」（由以色列代替美國動手）[23]，或者就伊朗總統內賈德的「第十二伊瑪目」來臨時，核彈的亮光將為世界帶來「天啓末日」混沌中的亮光之意象而言，是很合乎邏輯的一種想法。接下來的台海與美國本土沿海之戰，也都符合目前國際政治乃至地緣政治的現況。對於有強烈統一性格之中國政權而言，在目前經濟發展過程中，沿海地區有較好的經濟機會，人民自亦當有較好的世界觀，不管中台關係未來可能有類似歐盟或大英國協的關係形式，或如英美成為兄弟盟邦，均是對台海兩岸有利的形式。

　　不論是杭亭頓或福山之文明衝突或民主和平的世界終局的觀點，在台海兩岸都具有其發展的可能性，如果中國能經由經濟發展而在可預見之將來能繼經濟之自由私有化轉變，帶動政治之民主化，則在歷經文明衝突之緊張情勢後，自有民主和平之終局到來。但這樣的推測在目前很難有現實條件做為依據，西太平洋的緊張情況也非始自今日，在最近出版的《毛澤東：鮮為人知的故事》，作者便指出在毛澤東與林彪的時代，就有了西太平洋的攻掠計畫，包括「在日本、菲律賓、舊金山登陸」。[24]現在看來固然誇大不實，但一直到目前，中共對美日安保的針對性仍然存在，這才有去年伊朗總統內賈德到上海嗆聲「美國霸權」之舉，這印證了美國「三戰兵棋推演」的「預防性防衛」[25]考量，有其一定程度的準確性。

---

23 《時代解讀》，四月號，頁109。

24 喬‧哈利戴（Jon Halliday）、張戎合著，張戎譯，《毛澤東：鮮為人知的故事》（香港：開放出版社，2006年），頁373。

在通過「反分裂法」後，台灣對台海情勢的評估仍不應過於樂觀，陳水扁就任後所發表的「四不一沒有」對台海緊張情勢的化解，並未具有預期緩和效果。從歷史經驗來看，小國若顯出渴求和平的態度，通常招來的是戰爭，二戰前的英國就是最好的例子，當英國的內閣紳士以優雅的態度觀賞希特勒，而聲言對和平的樂觀期望時，最後才發現看來有戰爭躁動症的邱吉爾才是英國唯一清醒的人。

在二十一世紀由全美各行業所選的大師級人物，所共同選出的大師彼得‧杜拉克在其早年著作《旁觀者》中，對於人類對於專制極權危險的低估，有相當令人扼腕的輕忽，並經常導致了無可挽回的悲劇。在「怪獸與綿羊」這篇回憶文中，他指出自己在納粹上台後即決定離開德國，而他的編輯同僚則留在德國，並且成為納粹黑衫軍的中將，戰後成為美軍的俘虜後即自殺身亡。另一名在納粹上台以後被禮聘回國擔任「柏林日報」總編輯的友人，則在任上遭到了納粹的「清除」。杜拉克因此下結論道：

「罪惡之所以會在漢斯（納粹）和謝佛（總編輯）身上發生作用，正因為罪惡力量之大，而人卻是如此渺小。……由聖經中的禱告詞我們得知，人是如此渺小、脆弱，因此我們請求上帝不叫我們遇見試探，救我們脫離兇惡。正因為罪惡從來就不平凡，平庸的是人。因此，人千萬不可和罪惡打交道——一切都是罪惡本身搞的鬼，而不是人。人變成罪惡的工具，就像

---

25 艾許頓‧卡特、威廉‧斐利著，許綏南譯，《預防性防禦：後冷戰時代美國的新安全戰略》（台北：麥田出版社，2000年）。

漢斯那樣的人，他以為靠著自己的野心可以駕馭罪惡；而謝佛本以為可以藉著加入罪惡而避免最壞的情況，最後也為罪惡所用。

我常常在想，哪一個為害較烈？是『怪獸』，還是『綿羊』？哪個比較不好？是漢斯追求權利慾的罪惡，還是謝佛的驕傲自負之罪？或許，最大的罪惡都不是這兩個作古已久的人，或許是二十世紀的漠然——也就是那位享有盛名的生化學家犯下的罪——這位學者既不殺人，也沒說謊，但卻拒絕作時代的見證。用古福音書的話來說，『在主被釘死在十字架』時，竟然視若無睹。」[26]

既然杜拉克的智慧已得到肯定，在台海關係上，真正的「弱者」台灣民眾，應當認識到杜拉克智慧的價值。而2008年的北京奧運，已有丹麥的政黨提出警告，必須警覺北京以近似希特勒利用1936年柏林奧運來宣傳中國有多麼好的企圖。[27]法國作家索爾孟也在《謊言帝國：中國雞年紀行》書中，[28]提醒中國專制政權的危險性；他曾是六四民運的同情者，對六四民運的同情令人想起「說出真話」而在「謊言帝國」中敗亡的趙紫陽與胡耀邦，甚至可以上溯上文革時代的劉少奇，在「謊言帝國」裡，地位再尊崇都會遭到悲慘的下場。這是以打倒孔家店起家的中共政府正大力推動孔子學院的一個弔詭的中國政治文化邏輯的必然，而不是偶然。1930年代在文化戰場上與國民

26 彼得‧杜拉克著，廖月娟譯，《旁觀者——管理大師杜拉克回憶錄》（台北：聯經出版社，2005年），頁289-290。
27 《大紀元時報》，2006年6月30日，版1。
28 索爾孟（Guy Sorman）著，許益源譯，前引書。

黨作戰最力的急先鋒魯迅，後來在毛澤東建政以後巡視上海
時，上海作協詢問毛澤東：「如果魯迅還活著，現在如何？」
的問題時，毛澤東氣定神閒的回答：「要嘛，他就識大體不寫
了，要嘛，他就蹲在牢裡繼續寫。」中國的儒教文明何以使整
個中國演化為目前的國家型態，實在相當值得有更深入的研
究，而歷來在華人政治文化研究中，信仰與文明之間關係之研
究明顯不足，這是在馬克斯主義影響下，排除了「信仰鴉片」
以後所造成的缺憾。同樣是分裂中的國家，南韓最近在經濟上
及文化產業上的突破性發展，頗為不易，而韓國近年來基督徒
已激增至35％以上，顯然已從傳統的儒教文明區，逐漸改變為
基督信仰之文明區，這是相當值得中、港、台三地的華人思考
的地方。

附　錄

壹、「巴別塔」的豐盛新圖像：金球獎電影「火線交錯」淺析

王世勛，2007年4月5日發表於《基督教論壇報》，版12

美國好萊塢才華洋溢的新銳導演崗札雷伊納利圖，在去年導了一部相當好的聖經電影「巴別塔」（中譯火線交錯），卻沒有受到基督教界的人士所重視，這實在是很可惜的一件事。這部電影值得向基督徒推薦的最大理由是，透過影像的欣賞，可以更深入、更清楚地領受到「創世紀」中第十一節「巴別塔」的內涵，並將此一神啟的意涵與我們的現實生活相連結，從而對聖經，對上帝的教導，會有更深的感動與領悟。

千萬別以為這是一部很沉悶或者是說教的電影，正好相反，這部電影非常緊湊而吸引人，過程緊張而戲劇化，是一部很典型的好萊塢商業電影，但卻沒有因此影響到內容所欲傳達的來自聖經的教導與信息。

這部電影由好萊塢很受歡迎的男星布萊德‧彼特，和曾經得過奧斯卡金像獎的凱特‧布蘭琪擔綱演出，兩人在導演的演出佈局下，都有令人激賞的精湛演出。

雖然內容精采好看，但其中的意涵卻非常需要基督徒觀眾在去欣賞前，稍微花一點時間做些功課。除了必須先讀熟「創

世紀」第十一節有關「巴別塔」的經文以外，最好能夠找一本
由紀博遜所撰的「創世紀注釋」來看，看完紀博遜對聖經「巴
別塔」經文的解說，更容易去感受到這部電影來自基督信仰的
藝術價值。紀博遜這部解經傑作中文本是由「基督教文藝出版
社」所出版，基督徒觀眾必讀的頁次是從236-242頁。

　　聖經是以文字相傳，解經書更是只能以文字來表現，搭配
電影來看，可以由電影故事的真實感來領悟聖經的真理。反過
來說，更可以透過聖經的文字故事，和解經家的闡述，來欣賞
電影的藝術價值。

　　透過紀博遜的聖經注釋，對於「巴別塔」有這樣的解析：
「希伯來說故事的人把這巴比倫人的故事深植腦中。本來是一
個民族的宗教敬虔的故事，再一次成為人類過份驕傲的故事，
而且又一次招來大禍。」從電影情節來對照，布萊德·彼特與
凱特·布蘭琪夫妻間銳利的言語衝突，摩洛哥闖下開槍殺人大
禍的少年兄弟，還有日本音障女高中生的自我摧殘，都隱藏了
並且實際上也造成了禍事。

　　紀博遜並且如此申論：「人類文化最早的中心米所波大米
的歷史，提出來是作為人類自從亞當在園中初次背逆開始了
『人類的』罪惡之悠長而可怕的進程之最高潮。」有關紀博遜
這段源自聖經的解析，在電影情節中，喜歡偷窺姊姊洗澡，和
甘於脫衣讓弟弟偷看的行為，最後這名弟弟還以槍枝射傷了到
摩洛哥來觀光的凱特·布蘭琪。是人類原罪的一種雙重註解。

　　紀博遜並且有這樣深刻的神學分析，「他最終關心的並不
是巴比倫人和他們的塔，也不是人們是否能互相瞭解語言，而
是全人類和他們根本不能與同胞相處。實際上人類自己分開

了；而他們之所以如此，乃是因爲他們先把自己與上帝分開了。」

所以，紀博遜強調，創世紀開頭十一章，使用這個（巴別塔）小小的比喻，使敘事的輪子成了一個完整的圓。讓「創世紀」的神啓更爲明白周全。

紀博遜前述人類根本不能與同胞相處，並且自己分開的觀點，在電影中的夫妻檔，和少年兄弟檔，都很明顯有嚴重的內在衝突存在。紀博遜並且說：「他們自己過份伸張，使世界陷於不協調和悲慘之中。就是現在，不只個人反對個人……，和平與兄弟愛已經離開地上了。」所以，最後這段解經文的最後一句結論是：「伊甸變作巴別。上帝所創造的喜樂世界，成了人爲混亂的世界。」

妻子無辜遭到子彈射中肩頸部位，生命面臨危險，在窮鄉僻壤找不到醫師可以緊急處理；開槍殺人的少年兄弟，被警察射殺了哥哥，當場死亡。送出槍枝給摩洛哥的導遊而回到東京的日本人，面臨音障女兒心理出現障礙而向人展現私處，勾引警探的性病態行爲，讓孤單喪妻而神態沮喪的父親心情更爲沉重。

這三段起初看來不相干的演出情節，最後拉回槍枝惹禍的主軸裡，成爲一個完整的故事情節。電影要結束時的畫面，是一個雖然沮喪但卻仍沒有失去堅定愛心的父親，勇敢而堅毅地擁抱著全裸的音障又行爲放蕩的女兒的場景做爲結束。愛心的尋找與追回，是貫穿這部電影的最核心價值。愛是人類從巴別塔回到伊甸園的唯一道路。

個人在看到「巴別塔」這部電影那天，正好讀過2007年三

月二十一日的「靈命日糧」，主題是「至高眞愛」。內文引述
了著名的心理分析學的大師級鼻祖佛洛伊德的觀點「逃離人生
憂慮」和「忘卻人生悲劇」的最佳方法，乃是「期待從愛與被
愛中得到一切滿足。」聖經中對愛的強調有很多章節，包括了
約翰一書4章8節：「上帝是愛」；加拉太書5章6節：「使人生
發仁愛的信心才有功效。」而要除去只愛自己的罪性，眞誠的
愛上帝、愛鄰舍（馬太福音22章37－39節；約翰福音一章3章
14節）。福音書就是講述基督改變人生命的大愛；羅馬書5章5
節說：「聖靈將上帝的愛澆灌在我們心裡。」（以上經節與文
字摘自「靈命日糧」）

　　所以崗札雷伊納利圖執導的「巴別塔」，不僅詮釋了「巴
別塔」的眞正意義，而更將新約中福音書和關於愛的各書卷章
節的精神，都融會在電影最終的表現之中。就一部電影的內涵
而已，得以容納如此豐富的聖經教導，並且以現代商業電影的
方式來表現，這是美國好萊塢電影事業發展的一個新的里程
碑，意義非凡。難怪美國各大媒體對導演的才華讚譽有加，本
片在金球獎中勇奪最佳導演，聲勢比去年的奧斯卡金像獎之作
「衝擊效應」更被看好。

　　看完這部電影，可以有更多對愛的認識，更會珍惜夫妻之
愛、兄弟之愛、父女之愛、和對上帝之愛。這是西方基督文明
不斷啓迪藝術文化正向思維、並且向上提升人類心靈的一個新
境界，是其他信仰非常難以企及的一個新的高峰。

貳、淺論「阿波卡獵逃」之神學議題

王世勛，發表於2007年4月19日《基督教論壇報》，版12

　　「Apocalypto（中譯阿波卡獵逃）」是梅爾・吉勃遜的新片，不但賣座相當不錯，也入圍了金球獎的最佳外語片。可以說是吉勃遜執導演筒以來繼「耶穌受難記」後的另一力作。但如同「受難記」一般，「阿」片這部新作，也因為涉及信仰的觀點而引來一些爭議。

　　很多觀眾大概都不清楚，吉勃遜「受難記」最後面世的電影版本，其實與片子剛殺青時，試映的版本不太一樣，不一樣的地方是有相當重要的一個部份，遭到了刪減。「受難記」原先拍攝的情節中，有耶穌即將判處十字架死刑前，總督彼拉多與要釘死耶穌的群眾的一段對話，這段對話就是根據馬太福音27章22－25節所拍的，彼拉多指著耶穌說：「流這人的血；罪不在我，你們自己承擔！」群眾異口同聲說：「他的血由我們和我們的子孫承擔！」

　　這段對話在電影中出現完全是根據聖經，但是美國有一個機構叫做「美國反誹謗聯盟」擔心這樣的對話出現在電影中會引起反猶太的風潮，於是建議吉勃遜剪去這段，後來電影上片時，果真沒有這段對話。究竟以這樣的理由來剪去這節影片的作法恰當與否，實難以遽下定論，但看來是減少了一些不必要的可能引發的紛爭。

　　「阿波卡獵逃」也有同樣的問題存在，但與「受難記」不同的是，吉勃遜在這部片子似乎是展現了他做為一個天主教徒的一些護教的觀點，這種觀點在這部非常具有戲劇性吸引力的電影中出現以後，引發了一些信仰與非基督信仰者間文明衝突的議論。

　　這部電影從片名的設定便具有比「受難記」具有更濃厚的宗教意味，因為「Apocalypto」這個片名，真正比較貼切的翻譯，應當是「啓示」的意思，台灣的片商原來把這部片子取名為「梅爾吉勃遜之啓示錄」，但吉勃遜堅持全球必須統一採取音譯，因此才譯作「阿波卡獵逃」，這是非常貼切的一個音譯，把電影的精髓表現出來。而根據新約聖經希臘文的註解，「Apocalypto」其實與新約聖經的壓軸之作「啓示錄」「Apocalypse」同義，這是從希臘文轉譯過來的詞。而「Apocalypto」則屬拉丁文，Apocalypse為英文。「阿」片不但在片名與基督教的聖經章節有關連，更大的爭議是存在於這部電影的背景是西班牙人的船艦登陸中美洲之前的馬雅帝國。查考這段歷史，西班牙船艦上的軍隊與天主教神父登上中美洲以後，第一場最殘酷的大屠殺的對象就是馬雅帝國裝備極為原始，根本無法對付西班牙軍隊槍砲與刀劍還有戰馬攻擊的馬雅人，加上西班牙人從歐洲帶過來的傳染病，中美洲的馬雅帝國的人口在後來銳減了將近百分之九十。美國最著名的普立茲新聞獎有一年的得獎作品「槍砲、病菌與鋼鐵」，就是以這樣的歷史背景所寫出來的一本極為深入而精彩的上乘報導與歷史分析的好書。

　　梅爾‧吉勃遜拍這部電影時，在片首加了西方著名的歷史

學家威爾·杜蘭夫婦在他們的「西洋文明史」中所提到的關於文明興衰的一句話：「任何一種文明的滅亡，乃是來自其內部的潰爛，而非遭到外來的侵略。」就理論與邏輯而言，這句話並沒有什麼不對。但出現在吉勃遜的片子的片首，就造成了這樣的一個結論：天主教的西班牙的軍隊登上中美洲以後的大屠殺，只是馬雅帝國滅亡的催化劑而已，即使沒有天主教的西班牙軍隊的大屠殺，馬雅帝國因其內部瘋狂的大肆殺人為祭的迷信與慘無人性的統治，也是會敗亡的。這樣的觀點自然會引起爭議，最近好萊塢的「三百壯士」光是電影以斯巴達和波斯（伊朗）的戰爭為背景，強調斯巴達戰士的勇猛幾近萬夫莫敵，伊朗的報紙即以「好萊塢向伊朗宣戰」為題報導了這部電影的文明衝突爭議。伊朗總統內賈德甚至還認為，這部電影是鼓勵美國士兵敵視伊朗，為美國的侵略伊朗做準備。內賈德這種說法只對了一半，美國對伊朗發展的核武不斷要求國際予以制止，但美國真正動手打的卻是伊朗的死對頭伊拉克，而伊朗的什葉派與海珊的伊拉克遜尼派之間的仇恨所導致的武力衝突，歷史已經超過一千年之久。對於美國小布希出兵伊拉克的問題，國務卿萊斯曾經在CWN基督教新聞台的三萬人以上的佈道大會上宣示：小布希總統的願景，是希望全世界的人民都能活在民主的政治，及自由選擇信仰生活制度之中。

　　在美國這種國家，政府並沒有興趣主導意識型態的藝術創作，包括電影在內。因為美國的電影導演通常都自認，也被認為比美國總統這類的政客偉大。所以，吉勃遜的「阿」片為天主教的西班牙軍隊在四百多年前在中美洲的大屠殺有獨特的另類詮釋，基本上未涉及政治力之介入，只能以吉勃遜個人的觀

點來看待。依其觀點，間接暗示了西班牙在中美洲的征服與殺戮所產生的罪愆之虛幻性，這對非基督信仰者造成了雙重問題：基督教（徒）是愛好和平的嗎？另外，對以中共為首的第三世界的國家，所呈現的問題則是西班牙當時的海外殖民，與後來的帝國主義的全球殖民，不幾乎都是基督教國家所犯下的血腥與罪惡嗎？

這兩個問題，至今仍困擾著泛基督信仰的世界（同時包括了基督與天主教）。最大的問題還不止於此，「Apocalypto」這個電影片名的選訂，如果對照新約聖經最後一卷書「啟示錄」來詮釋，吉勃遜對於這一場大殺戮的觀點是「天啟末世」，也就是說西班牙人在中美洲的大殺戮，是這個區域「新天新地」的開始。這是一個很可怕的觀點，就基督耶穌被尊為「和平大君王」的認知而言，這樣的觀點，不能說是符合基督信仰及其神學意旨。但就事實而論，美國新保守主義學者大衛·蘭迪斯在他暢銷的名著《新國富論》（中譯本由時報文化出版）卻指出，中南美洲的國家後來各自從殖民中獨立以後，自相殘殺的歷史持續了一段相當長的時期。大衛·蘭迪斯的觀點，中美洲最具盛名的魔幻寫實主義的開山祖師「魯佛（Juan Rulfo, 1918-1986）」的小說中有極其驚慄的記述，在魯佛最著名的《佩德羅·巴拉摩（Pedro Páramo）》這部四萬多字的中篇小說中，幾乎從頭到尾出現的對話的每一個人物，都是鬼魂。師承魯佛的賈西亞·馬奎斯（Gabriel García Márquez, 1928-）後來還以「魔幻寫實主義」的傑出成就得到1982年的諾貝爾文學獎，他並公開自承寫作的流源師承自魯佛，魯佛一代宗師的地位因此確立。而「魔幻」其實與不絕如縷的殺戮行

為是脫不了關係的。遭屠戮以後的悲慘魂靈是魔幻存在之根源。中南美洲盛行的「魔幻寫實主義」文學，印證了梅爾‧吉勃遜之天啓末世的觀點，相當具有正確的現實基礎。

然而，天啓末世在神學定義中的糾葛，目前使這個世界的和平，產生了相當程度的威脅。伊朗總統內賈德目前正在發展的核子武器，即是以回教天啓末世世界觀為基礎所進行，並聲言要將以色列從世界地圖上抹去，還認為核子彈爆炸以後的光，是最符合天啓末世的人類世界的結局中最需要的一盞亮燈。當然，這是大家都很熟悉的，充滿仇恨的回教天啓末世觀點。回教世界是培養恐怖主義份子的溫床，回教一夫多妻的婚姻制度，為其根源。回顧舊約聖經「創世紀」中的該隱殺了亞伯，同父同母的親兄弟尚且如此，同父異母的兄弟之間可能存在的仇恨氣氛，更是數倍於此，這是很簡單的一個邏輯。這是上帝在創世之初，只為亞當造出一個而不是三、四個夏娃的原因。

「Apocalypto」除了「啓示」以外，還有「揭露」的義涵在內，這在梅爾‧吉勃遜的這部電影中，透過一名得到瘟疫的女童有了可怕的預言。回到藝術的範圍裡，「Apocalypto」提供了人類對於自己與上帝之間所存在的關係之反省與再思考，應當思考反省的問題是，基督教帝國主義者所犯下的血腥與罪惡，是否有更為徹底的救贖，畢竟在新約聖經，耶穌基督的福音被列於卷首，而「啓示錄」則排於卷末，甚至連馬丁‧路德都曾經認為「啓示錄」能否編入聖經，不無問題。簡言之，基督信仰所主張的是基督之救恩，而非恐怖萬端的天啓末世觀，這是基督信仰中一個十分重要的命題，先是恩典，最終才是末

世的審判。這可能也是，基督教與羅馬天主教之間的一個異質因素。所幸的是，所謂第三世界的龍頭國家——中國學界，最近對西方帝國主義的殖民，有了比較寬容與理性的見解。（見張箭著，地理大發現研究15-17世紀）這就世界的和平而言，具有非常正面的意義。

時代已進入二十一世紀，聖經神學的內涵，也一直在深化。神的國與神的義的追尋的腳步自然也需要加快，這是看過梅爾‧吉勃遜的「Apocalypto」以後，除了享受其間的欣賞樂趣以外，基督徒必須要有自覺與認知，當教會不斷在這個世界擴展神的國度的過程中，與這個世界的主流媒體——美國好萊塢的電影，有良好的互動，並認清其神學義涵甚至爭議，是二十一世紀基督徒的一項愉悅可喜的新使命，這也是基督信仰才有的一項特殊榮寵。回溯1960年代耶穌基督在經典名片「賓漢」中的出現，迄今已逾半世紀，一直到最近的「達文西密碼」與「Babel」（火線交錯）和「Apocalypto」（阿波卡獵逃）每一個新的神學問題所引發的爭議，都是基督神學不斷在藝術文化領域，深度化、多元化的鐵證。這也印證了俄國大文豪托爾斯泰在他的《托爾斯泰福音書》的序言中，所強調的一個觀點，即基督教是西方文明，包括哲學、詩歌、藝術、政治、醫學的起源。做爲一個基督徒，我們必須爲這一切，謙卑地感謝上帝的恩典。

參、U.S. Exercise Reflects Growing Tensions

April War Game Pitted U.S. Against China, Iran, Venezuela

By Vago Muradian,

As Chinese Premier Hu Jintao lunched at the White House with U.S. President George W. Bush in mid-April, some of America's top military strategists were in Hawaii fighting Chinese, Iranian and Venezuelan forces in a mock global war.

Sources said the war game — thought to be the first to posit those three nations as U.S. adversaries in a single imaginary conflict — began with an Iranian attack on Persian Gulf shipping and quickly grew into a worldwide battle.

The Pentagon war game — among a growing number involving China and complex scenarios — was played as a theoretical planning exercise to test a vast array of military capabilities and operational concepts, participants said. But its global scope reflects growing U.S. concerns about its web of geopolitical relations.

In the game, sources said, Iranian strikes on Gulf tankers drew all available U.S. forces to the fight — until China attacked Taiwan, forcing the Pentagon to split its strength. Then Venezuela dispatched submarines into the lightly guarded Gulf of Mexico and

Caribbean Sea, where they joined a Chinese sub in terrorizing U.S. and Mexican oil platforms and international shipping. Washington asked Britain for help and London dispatched nuclear attack submarines that sank all of the Venezuelan and Chinese subs.

Russia remained on the sidelines as the United States struggled with its first high-intensity, two-theater war in a half century. India became involved only after the tide turned in the U.S. favor.

The game wove together various knotty problems in U.S. foreign policy — all of which have one thing in common: oil.

- Venezuela's outspokenly anti-American President Hugo Chavez has allied with Cuba, is encouraging other states to shun Washington and tangled with Washington over arms sales.
- Fraying relations with an increasingly autocratic Russia, itself growing wealthy and more influential through its oil and weapons sales.
- Iran's undeclared and unchecked drive to build nuclear weapons, underwritten by profits as the world No. 2 oil producer.
- Nervousness over the rapid rise and offensive nature of China's military power, and the country's zealous worldwide drive to lock down exclusive sources of oil supply.

Chavez raised U.S. irritation another notch in a May 21 speech in which he declared his intention to sell his U.S.-made F-16 jet fighters abroad — possibly to Iran or Cuba. Analysts and U.S. officials alike pooh-poohed the notion that Iran — or anyone else — would want the aging fighters.

But Washington remains concerned about Venezuela, which is on the U.S. State Department's roll of state supporters of terrorism, and its potential to support al-Qaida or other non-state adversaries of the United States in Latin America. As gasoline prices keep climbing, Venezuela's oil reserves become increasingly important to the U.S. and world economy.

Chavez also has announced his intention to buy an unspecified number of Russian fighter jets — and Moscow, shrugging off U.S. displeasure, has staunchly defended its right to make such a sale.

This is just one more data point in the declining curve of U.S.-Russia relations, a trend punctuated by U.S. Vice President Dick Cheney's May 4 speech in Lithuania. Cheney decried Russia's shift toward authoritarianism at home and its use of oil and gas as "tools of intimidation or blackmail" abroad, a reference to Moscow's recent move to temporarily halt gas shipments to neighboring Ukraine.

Left unmentioned in Vilnius were recent U.S. officials' complaints that Moscow bullies pro-Western former Soviet republics and is building up political and military influence in Central Asia.

U.S. officials will be watching closely when representatives from Russia, China, Iran and a half-dozen other countries meet in June under the auspices of the Shanghai Cooperative Organization. At its July 2005 summit, the group called on its Central Asian members to eject U.S. troops from its bases.

Washington also has been disappointed by Moscow's attempts to thwart U.S. proposals that the United Nations Security Council levy sanctions against Iran. Tehran's nuclear program has drawn sharp words from Washington, which has pointedly refused to rule out preemptive strikes intended to destroy Iran's ability to make atomic bombs.

And the war game's Chinese focus reflects Pentagon leaders' growing concern about Beijing's offensive arms. News of the war game came just days after the Pentagon released its annual report on Chinese military capabilities. The report concluded that Beijing's military buildup is accelerating and worriesome.

China's military buildup is "very significant; we have always been one or two steps behind in understanding the pace" of their development, said Tom Donnelly, the editor of Armed Forces Journal, a sister publication of Defense News. "Whether the particulars were 100 percent accurate is debatable, but the exercise should serve as a wakeup call."

But not everyone sees China as an emerging military threat. Loren Thompson of the Lexington Institute, a think tank near Washington, said Beijing's challenge to the United States is largely economic and political, not military.

"The notion that China poses a direct military challenge to America is belied by the export-driven foundations of its economy. Where it challenges us is in the demand for scare resources and regional influence," Thompson said. "We pour so much money into coping with a nonexistent Chinese military threat, and do almost nothing to address the more important economic challenges."

U.S. policy-makers can't predict how China's development will proceed, he said.

"When it comes to China, we have to be able to hold out to two openly contradictory ideas, because no one knows which way they are going to behave," Donnelly said. "Will their development be benign as was ours, or will it be something else? They don't have any recent experience as a great global power, and they bring their own unique strategic-cultural baggage to the table. They have a lot of rational reasons to want to play the game as they play it."

Binding these threads is the sticky petrochemical called oil.

Thompson said a military conflict with Iran, Russia or Venezuela is far less likely than a less violent form of international competition: He believes the three might collude to choke off the flow of oil to the United States — and send it to energy-hungry China.

Thompson blamed U.S. policy-makers for tying U.S. interests to unreliable partners.

"The U.S. never needed to be as dependent on foreign oil as we are and elected not to have a policy, and now have to deal with everything from tight supplies to a global war on terrorism," he said.

Donnelly sees the fight for oil as a potential flashpoint.

"A globalized economy in which everyone should behave rationally doesn't mean that people won't do stupid things for what they see as strategic reasons," Donnelly said. "China is paranoid about energy supplies, and that was true about the Japanese prior to World War II and an immediate proximate cause of their attack on Pearl Harbor was our oil embargo on them."

參考書目

一、書籍部份

Armstrong, Karen著；王瓊淑譯，2001年，《穆罕默德：先知的傳記》，台北：究竟出版社。

Bainton, Roland著，2001年，《這是我的立場──改教先導馬丁路德傳》，香港：道聲出版。

Brown, Dan著；尤傳俐譯，2004年，《達文西密碼》，台北：時報文化。

Brzezinski, Zbigniew著；林添貴譯，2003年，《大棋盤》，台北：立緒文化出版社。

Charles, Wetzel 著，1992年，《門羅》，台北：鹿橋文化。

Cohen, Stephen Philip著，2003年，《印度：成型中的強權》，台北：國防部史政編譯室。

Diamond, Jared著；王道還、廖月娟譯，1998年，《槍炮、病菌與鋼鐵》，台北：時報出版社。

Drucker, Peter F.著；陳琇玲、許晉福譯，2004年，《不連續的年代》，台北市：寶鼎出版社。

_____；廖月娟譯，2005年，《旁觀者──管理大師杜拉克回憶錄》，台北：聯經出版社。

_____；劉眞如譯，2003年，《下一個社會中》，台北：商周出版社。

Durant, Will著；幼獅編輯部譯，1974年，《伏爾泰思想與宗教的衝突》，台北：幼獅出版社。

_____；幼獅編輯部譯，1974年，《黑暗時代與十字軍東征》，台北：幼獅出版社。

_____；幼獅編輯部譯，1995年，《中國與遠東》，台北：幼獅文化事業公司。

Ecmann, David著；李忠晉譯，2005年，《喬治‧布希的信仰：榮耀上帝》，台北：智庫文化出版社。

Fukuyama, Francis著；李永熾譯，1993年，《歷史之終結與最後一人》，台北：時報文化。

_____；李宛蓉譯，2004年，《信任》，台北：立緒文化。

George Wells, Herbert著；梁思成譯，2005年，《世界史綱》，台北：水牛出版社。

Horn, Pierre L.著，1992年，《拉法葉》，台北：鹿橋文化。

Huntington, Samuel P.著；程克雄譯，2005年，《我們是誰？》，北京：新華出版社。

_____；黃裕美譯，1997年，《文明衝突與世界秩序的重建》，台北：聯經出版社。

_____；李振昌、林慈淑譯，2003年，《為什麼文化很重要》，台北市：聯經出版公司。

Janouch, Gustav著；張伯權譯，1991年，《卡夫卡的故事》，台北：萬象圖書有限公司。

Jon Halliday、張戎合著；張戎譯，2006年，《毛澤東鮮為人知的故事》，香港：開放出版社。

Landes, David著；汪仲譯，1999年，《新國富論》，台北市：時報文化出版社。

Milton, Giles著，2005年，《荳蔻的故事：香料如何改變世界

歷史？》，台北：究竟出版社。

Naipaul, V. S.著；朱邦賢譯，2003年，《超越信仰》，台北：
聯經出版社。

＿＿＿＿＿；孟祥森譯，2002年，《世間之路》，台北：天下文
化。

＿＿＿＿＿；秦於理譯，2006年，《在信徒的國度》，台北：馬
可孛羅出版社。

Parker, T.H.L.著；王怡方、林鴻信譯，2003年，《加爾文
傳》，台北市：禮記出版社。

Prestowitz, Clyde著；杜默譯，2004年，《美國遊戲》台北市：
大塊文化出版社。

＿＿＿＿＿；陳俐雯譯，2006年，《全球經濟新霸主》，台北：
智商文化出版社。

Rousseau, Jean-Jaacques著；徐百齊譯，2000年，《社約論》，
台北：台灣商務印書館。

Severns, Karen著，1991年，王福耀譯，《裕仁》，台北：鹿橋
文化出版社。

Sorman, Guy著；許益源譯，2006年，《謊言帝國》，台北：
允晨文化。

Stepanek, Sally著，《馬丁路德》，台北：鹿橋文化。

Weber, Max著；黃振華、張與健譯，1991年，《社會科學方法
論》，台北：時報出版社。

＿＿＿＿＿；黃曉京、彭強譯，1987年，《新教倫理與資本主義
精神》，台北：唐山出版社。

＿＿＿＿＿，1989年，《中國的宗教：儒教與道教》，台北：遠

流出版事業股份有限公司。

丁易，1988年，《明代特務政治》，台北：天山出版社。

山岡莊八著；陳正德譯，1998年，《吉田松陰》，台北：萬象圖書。

井上靖著；謝淑民譯，1993年，《天平之甍》，台北：牧童出版社。

方豪，2006年，《台灣早期史綱》，台北：台灣學生書局。

司馬遷，1976年，《史記》，台北：建宏書局。

司馬遼太郎著，1997年，《坂本龍馬》，台北：萬象出版社。

史蒂芬‧曼菲爾著；林淑眞譯，2005年，《活出使命——布希總統的信仰之路》，台北：華宣出版有限公司。

台灣中華書局股份有限公司、美國大英百科全書公司合編，1989年，《簡明大英百科全書17》，台北：台灣中華書局。

矢內原忠雄著；周憲文譯，1985年，《日本帝國主義下之台灣》，台北：帕米爾書店。

＿＿＿＿＿；涂南山譯，1997年，《羅馬書講義》，台北：人光出版社。

伏爾泰著；孟祥森譯，1994年，《憨第德》，台北市：桂冠出版。

托爾斯泰著；白若雪譯，2000年，《托爾斯泰福音書》，台北：究竟出版社。

艾許頓‧卡特、威廉‧斐利著；許綏南譯，2000年，《預防性防禦：後冷戰時代美國的新安全戰略》，台北：麥田文化出版社。

余英時，＜我對中國文化與歷史的追索＞——克魯格獎得獎演
　　說，《當代》月刊，2006年12月1日，頁24。

＿＿＿＿＿，1988年，《中國近世宗教倫理與商人精神》，台
　　北：聯經出版。

吳辰伯，1983年，《朱元璋傳》，台北：活泉書屋。

李永熾著，1991年，《日本史》，台北：水牛出版社。

李登輝著；蕭志強譯，2004年，《武士道解題：做人的根
　　本》，台北：前衛出版社。

李澤厚，1989年，《當代思潮與中國智慧》，台北：風雲時代
　　出版公司。

金盛淵，2002年，《王道——中國十大傑出帝王守成治天下的
　　方略》，台北：詠春圖書文化。

阿克勒西·德·托克維爾著；泰修明、湯新楣、李宜培合譯，
　　2005年，《民主在美國》，台北：左岸文化。

信夫清三郎著；周啓乾譯，1990年，《日本近代政治史
　　（一）》，台北：桂冠出版社。

哈勒著；刁筱華譯，1997年，《西藏七年》，台北：大塊文化
　　出版社。

姚嘉文，1987年，《黑水溝》，台北：自立晚報。

柯默，2007年，＜葉爾欽留下混雜遺風＞，《蘋果日報》，民
　　國96年5月1日，第15版。

柏楊，2006年，《中國人史綱》，台北：遠流出版社。

約翰·史坦貝克著；蔡梵谷譯，2002年，《美國與美國人》，
　　台北：一方。

首爾大學行政研究院，2006年，《南北韓·統一必亡》，台

北：允晨出版。

孫振聲，1981年，《白話易經》，台北：星光出版社。

孫隆基，1990年，《中國文化的深層結構》，台北：唐山出版
　　社。

徐小杰，1998年，《新世紀的油氣地緣政治》，台北：社會科
　　學文獻出版社。

曹永和，2000年，《中國海洋史論集》，台北：聯經。

＿＿＿＿，2006年，《台灣早期歷史研究續集》，台北：聯經
　　出版有限公司。

彭定康著；蔡維先、杜默譯，1998年《東方與西方——彭定康
　　治港經驗》，台北：時報文化。

湯錦台，2001年，《大航海時代的台灣》，台北：城邦出版。

＿＿＿＿，2002年，《開拓台灣第一人——鄭芝龍》，台北：
　　果實出版社。

＿＿＿＿，2005年，《閩南人的海上世紀》，台北：果實出
　　版。

費正清；張理京譯，2003年，《美國與中國》，台北：左岸文
　　化。

馮友蘭，1967年，《中國哲學史》，香港：文蘭圖書公司。

黃仁宇，1994年，《赫遜河畔談中國歷史》，台北：時報文
　　化。

黃應貴主編，《臺灣土著社會文化研究論文集》，台北：聯經
　　出版公司。

榎本保郎著，柯順德譯，2002年，《舊約聖經一日一章》，台
　　北：人光出版社。

歐陽修，《新五代史》。

蔡鍾雄，1970年，《台獨、黨外、共匪三合一敵人》，台北：
　　中國國民黨。

鄭樑生，2004年，《日本史──現代化的東方文明國家》，台
　　北：三民出版社。

鄭學稼，1978年，《魯迅正傳》，台北：時報出版。

_____，1987年，《西鄉隆盛》，台北：黎明出版社。

_____，1989年，《陳獨秀傳》，台北：時報文化。

盧今編，1989年，《魯迅》，台北：海風出版社。

戴天昭著；李明峻譯，2002年，《台灣國際政治史》，台北：
　　前衛出版社。

謝順道，1995年，《聖靈論》，台中：棕樹出版社。

鍾肇政，1987年，《卑南平原》，台北：前衛出版社。

羅伯・麥納瑪拉著；汪仲、李芬芳譯，1996年，《戰之罪：麥
　　納瑪拉越戰回顧》，台北：智庫文化。

蘇曉康、王魯湘著，1988年，《河殤》，台北：風雲時代出版
　　公司。

顧忠華，2005年，《韋伯的基督新教倫理與資本主義精神導
　　讀》。台北：台灣學生書局。

二、報紙報導與專文

《大紀元時報》，2006年1月2日，第1版。

《大紀元時報》，2006年6月30日，第1版。

《中國時報》，2004年11月11日，第A4版。

《中國時報》，2004年11月13日，第A4版。

《中國時報》，2004年11月17日，第A13版。

《中國時報》，2007年1月5日，第A17版。

《自由時報》，2006年4月9日，國際版。

《自由時報》，2006年6月4日，國際版。

《美聯社》，2005年10月26日，國際版。

《聯合報》，2006年11月28日，第13版。

＜中共推崇佛教：促進和諧＞，《中國時報》，民國95年4月11日，第13版。

＜中國成立孔子學院總部統籌全球漢語教學＞，《中央社》，民國96年4月9日，大陸文教版。

朱建陵，2007年，＜章詒和《淚祭羅隆基》節要＞，《中國時報》，2007年5月2日，第13版。

三、網路資料來源

http://zh.wikipedia.org/wiki/%E5%8F%8D%E5%88%86%E8%A3%82%E5 %9C%8B%E5%AE%B6%E6%B3%95。

電視劇《施琅大將軍》簡介。

http://news3.xinhuanet.com/ent/ 2006-03/27/content_4349714.htm。

國家圖書館出版品預行編目資料

台灣海峽之文明衝突：國際角色變遷之歷
史研究／王世勛著. -- 初版. -- 台北市
：前衛，2007.09
192面；15×21公分，參考書目：8面
ISBN 978-957-801-550-0（平裝）

1. 文化衝突　2. 儒教　3. 基督教
4. 文化價值

541.28　　　　　　　　　　　96016878

台灣海峽之文明衝突

著　　者　王世勛
責任編輯　番仔火
美術編輯　宸遠彩藝有限公司
出 版 者　前衛出版社
　　　　　11261 台北市關渡立功路79巷9號
　　　　　Tel：02-2897-8119　　Fax：02-2893-0462
　　　　　郵撥帳號：05625551
　　　　　E-mail：a4791@ms15.hinet.net
　　　　　http://www.avanguard.com.tw
出版總監　林文欽
法律顧問　南國春秋法律事務所林峰正律師
出版日期　2007年9月初版一刷
總 經 銷　紅螞蟻圖書有限公司
　　　　　台北市內湖舊宗路二段121巷28、32號4樓
　　　　　Tel：02-2795-3656　　02-27954100
定　　價　新台幣250元